BIBLIOTHÈQUE
DE L'ÉCOLE
DES HAUTES ÉTUDES

PUBLIÉE SOUS LES AUSPICES

DU MINISTÈRE DE L'INSTRUCTION PUBLIQUE

———

SCIENCES PHILOLOGIQUES ET HISTORIQUES

———

DEUX CENT DIX-NEUVIÈME FASCICULE

CONTRIBUTION A L'HISTOIRE ÉCONOMIQUE D'UMMA

PAR LE Dr G. CONTENAU

PARIS

LIBRAIRIE ANCIENNE HONORÉ CHAMPION

ÉDOUARD CHAMPION

5, QUAI MALAQUAIS

—

1915

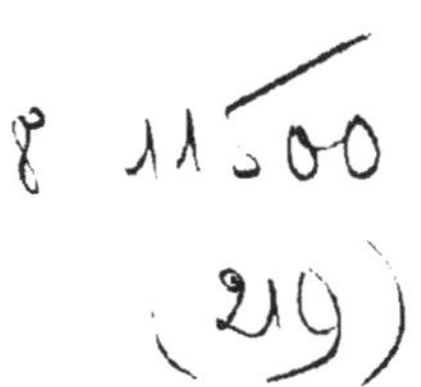

CONTRIBUTION

A

L'HISTOIRE ÉCONOMIQUE D'UMMA

CONTRIBUTION

A

L'HISTOIRE ÉCONOMIQUE

D'UMMA

PAR

LE DR G. CONTENAU

ÉLÈVE DIPLÔMÉ DE L'ÉCOLE PRATIQUE DES HAUTES ÉTUDES

PARIS

LIBRAIRIE ANCIENNE HONORÉ CHAMPION

ÉDOUARD CHAMPION

5, QUAI MALAQUAIS

—

1915

Tous droits réservés

Cet ouvrage forme le 219ᵉ fascicule de la Bibliothèque de l'École des Hautes Études.

CHALON-SUR-SAONE
IMPRIMERIE FRANÇAISE ET ORIENTALE E. BERTRAND

Sur l'avis de M. Scheil, Directeur d'études de la conférence
d'Assyriologie, et de MM. Joseph Halévy et Léon Legrain (élève
diplômé), commissaires responsables, le présent travail a valu à
M. Georges Contenau le titre d'*Élève diplômé de la section des
Sciences historiques et philologiques de l'École pratique des
Hautes Études*.

Paris, le 8 novembre 1914.

Le Directeur de la Conférence,

Signé : V. Scheil.

Les Commissaires responsables,

Signé : J. Halévy.

L. Legrain.

Le Président de la Section,

Signé : L. Havet.

AVANT-PROPOS

Les cent tablettes dont je donne ici la traduction font partie de la collection de l'École pratique des Hautes-Études. Elles ont été acquises par M. E. Chatelain, Secrétaire, en 1912, sur la demande du P. Scheil, afin de servir aux exercices des élèves de la Conférence d'assyriologie.

En effet, à côté des volumes qui constituent le fonds de travail des études assyriologiques, les documents originaux peuvent seuls faire saisir toute la différence qui existe entre les signes cunéiformes gravés sur l'argile par les scribes, et ceux que reproduisent les différentes éditions imprimées. La destination de cette collection de tablettes m'a engagé, lors de l'établissement de son catalogue, à donner de tous les numéros, en même temps qu'une reproduction aussi fidèle que possible, une transcription et une traduction complètes, à l'encontre de ce qui se pratique ordinairement dans les ouvrages similaires, où le résumé seul du contenu de la tablette est indiqué.

J'ai adopté cette manière de faire pour deux motifs : d'abord, comme je le disais plus haut, à cause même

de la destination de ces tablettes. Ceux qui fréquen-
teront les Hautes–Études trouveront dans ce volume
quelque aide à leurs premiers déchiffrements; par la
suite, aussi, ils pourront réviser, sans aucun doute,
certaines lectures et élucider nombre de points que
je n'ai pu suffisamment éclaircir. D'autre part, ces
tablettes proviennent d'un site jusqu'ici peu exploré;
l'étude minutieuse du lieu où elles furent trouvées,
de l'époque dont elles portent la date et de la société
au sein de laquelle·elles ont été rédigées, n'est pas,
je crois, sans intérêt.

Principales publications sur Umma :

V. SCHEIL : *Recueil de Travaux*, tome XIX, note 28.

    —   *Recueil de Travaux*, tome XXI, p. 125.

    —   *Comptes rendus de l'Académie des Inscrip-
tions et Belles-Lettres.* 1911, p. 318.

    —   *De l'exploitation des dattiers dans l'ancienne
Babylonie, Revue d'Assyriologie*, t. X, 1-2,
1913, p. 1.

    —   *Recueil de Travaux*, vol. XXXVII, *Nouvelles
notes d'épigraphie et d'archéologie assyriennes*, XXVI.

THUREAU-DANGIN : *Les noms de mois sur les tablettes de
Djokha, Revue d'Assyriologie*, t. VIII,
3, 1911, p. 152.

Dr G. CONTENAU : *La Cour et la Maisonnée d'un patesi
d'Umma au temps du roi Dungi,
Journal asiatique*, 11e série, t. III,
mai-juin 1914, p. 119.

    —   *Tablettes de comptabilité relatives à
l'industrie du cuivre à Umma au
XXIIIe s., Revue d'Assyriologie*,
t. XII, 1, 1915, p. 15.

Dr G. CONTENAU : *Tablettes de comptabilité relatives à l'industrie du vêtement à Umma au XXIIIe s., Revue d'Assyriologie,* t. XII, 3, 1915, p. 147.

C^{el} ALLOTTE DE LA FUŸE : *Un cadastre de Djokha, Revue d'Assyriologie,* t. XII, 1, 1915, p. 47

C.-L. BEDALE : *Sumerian Tablets from Umma,* in the John Rylands Library, 58 numéros, 10 planches, Manchester, 1915.

NICOLSKI : A publié 530 tablettes dont 447 d'Umma, le reste de Drehem, avec une liste de noms; Moscou, 1915.

Si les tablettes de *Djokha* sont encore peu connues, d'autres de même époque, celles de *Drehem*, ont fait l'objet de nombreuses publications. Le dernier travail en date, celui de M. L. LEGRAIN: *Le temps des rois d'Ur*, Paris, 1912, ouvrage publié sous les auspices de l'Ecole des Hautes-Etudes, fournit d'abondants renseignements sur l'organisation de la société antique à cette époque; j'y renvoie pour éviter les redites; je n'insisterai que sur les aperçus nouveaux mis en lumière par l'étude de nos tablettes.

J'ai joint à ma traduction, un petit vocabulaire des termes les plus fréquemment rencontrés, la liste des noms propres et celle des noms de pays et d'édifices mentionnés, ainsi qu'un résumé de syllabaire.

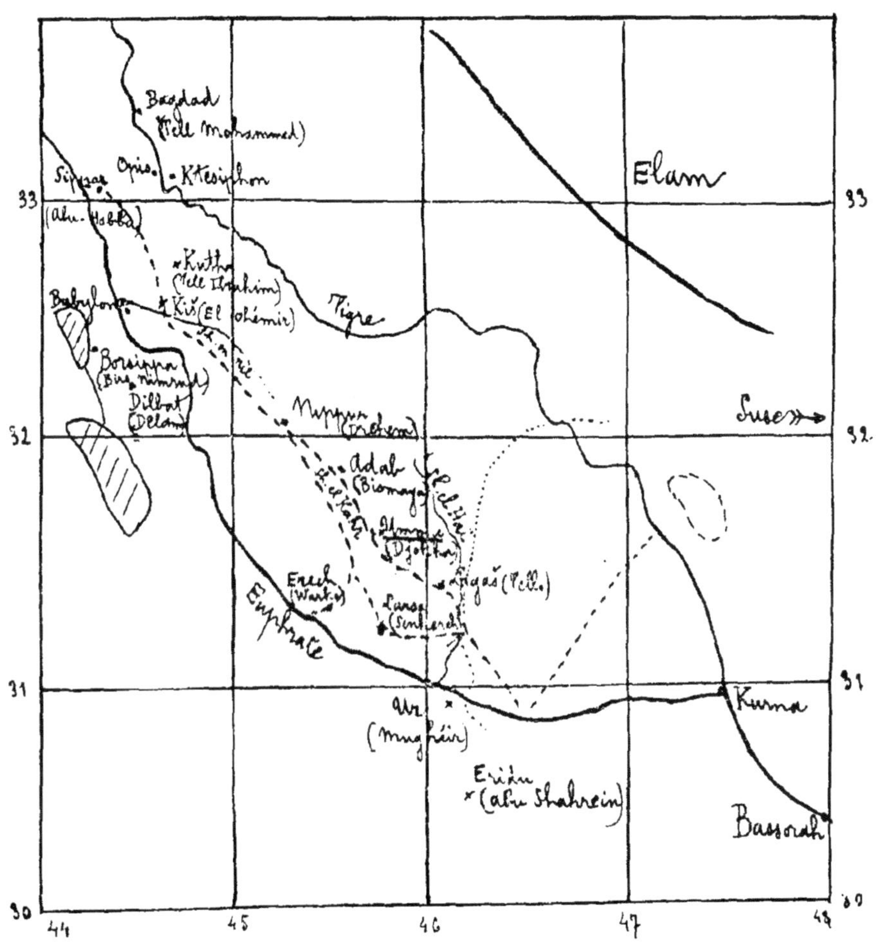

Bagdad
(Tell Mohammed)
Opis
Ktesiphon
Elam
Sippar
(Abu-Habba)
Kutha
(Tell Ibrahim)
Kiš (El ohémir)
Babylone
Tigre
Borsippa
(Birs Nimrud)
Dilbat
(Delem)
Nippur
(Niffer)
Suse
Adab
(Bismaya)
Umma
(Djokha)
Zigaš (Tell.)
Erech
(Warka)
Larsa
(Senkereh)
Euphrate
Ur
(Mughëir)
Kurna
Eridu
(Abu Shahrein)
Bassorah
30 31 32 33
44 45 46 47 48

.... Ancien rivage.
- - - - - Ancien cours de l'Euphrate, ou canaux.
Umma. Nom ancien.
(Djokha). Nom moderne.
0 50 100 kilomètres.
Méridien de Greenwich.

INTRODUCTION

PROVENANCE DES TABLETTES

Ces documents ont été trouvés à *Djokha,* qu'on s'accorde aujourd'hui à regarder comme le site d'Umma. La série acquise par les Hautes-Études donne une idée très complète de la composition du lot entier, et par sa variété relative permet de tirer des déductions d'ensemble et de reconstituer l'existence, à l'époque des rois d'Ur, de ce centre provincial jusqu'ici peu représenté dans les inscriptions.

Djokha est situé entre le 45e et le 46e degré de longitude Est de Greenwich (43-44 de Paris), et entre le 31e et le 32e degré de latitude Nord, très à l'est du cours de l'Euphrate, dont il est distant, au point le plus rapproché, d'environ soixante kilomètres, à vol d'oiseau. Cette situation en plein désert semble paradoxale aujourd'hui, les antiques cités s'étant toujours établies dans des endroits naturellement irrigués, qui leur permettaient, par des travaux appropriés, de conquérir du sol productif sur l'aridité du désert. Il en fut de même pour *Djokha,* qui se trouvait jadis sur une des branches de l'Euphrate, dont on aperçoit encore aujourd'hui le lit desséché; au-dessus de Babylone se détache le Shaṭṭ-en-Nil qui lui-même, sous Niffer, émet une

branche dite le Shaṭṭ-el-Kahr ; ces branches, qui avaient
jadis une importance considérable (certains géographes font
même du Shaṭṭ-en-Nil l'ancien cours de l'Euphrate), four-
nirent de nombreux sites de choix aux antiques aggloméra-
tions. Du Nord au Sud, se rencontrent *Bismaya*, *Djokha*
et *Tello ;* les deux premiers établissements sont nettement
à l'est du lit du Shaṭṭ-el-Kahr ; il est possible qu'ils se
soient trouvés sur une branche accessoire allant rejoindre
le Shaṭṭ-el-Haï au-dessous de *Tello,* presque au moment
d'atteindre le Golfe, situé dans l'antiquité bien plus avant
dans l'intérieur des terres, au point d'être à proximité de
Tello. Les changements qui sont survenus dans le régime
des eaux de ces contrées ont été si fréquents et si com-
plets qu'il reste à ce sujet beaucoup d'incertitude. Ce que
l'étude du sol permet de constater, c'est qu'à *Djokha,*
comme près des tells de ruines voisins, se voient encore les
vestiges du lit desséché de rivières ou de canaux.

L'incertitude relative aux changements survenus dans
l'hydrographie de la région, au cours des siècles, est très
grande ; Maspero[1], King[2], L. Legrain[3], dans leurs cartes,
diffèrent de sentiment. Nous pouvons, d'après nos tablettes
qui rapportent des transports par bateaux d'*Umma* à *Nippur,* et d'après la configuration actuelle du sol, affirmer la
présence, à *Umma,* d'un cours d'eau navigable ; il serait
imprudent d'aller au-delà.

Djokha, l'antique *Umma,* fait partie de ce que l'on a
appelé la terre de Šumer ; ce que les anciennes inscriptions
nomment le Pays. Ainsi *Lugal-zaggisi,* qui s'intitule roi du
Pays[4] énumère comme étant dans son obédience : *Erech,
Ur, Larsa, Umma.* Au contraire, *Agadé, Sippar, Kiš,
Opis, Babylone* et *Borsippa* sont du territoire d'Akkad.

---

1. *Histoire,* t. I, p. 563.
2. A *history, of Sumer and Akkad.* — Carte annexée.
3. *Le temps des rois d'Ur.* — Carte annexée.
4. Thureau-Dangin, note 4, p. 32, *Rec. d'Assyr.,* t. VI, 1907, rappelle
que *Kalam=ki-en-gi=*le Pays, c'est-à-dire Sumer, et non : le monde.

Djokha a dans son voisinage immédiat Tello, à environ 30 kilomètres au Sud-Est; *Ur* (aujourd'hui *Mughéir*), qui eut la suprématie sur Umma durant une période de son histoire, en est éloigné au Sud-Est de 80 kilomètres au moins.

Aujourd'hui, *Djokha* est un tell imposant qui se dresse au milieu d'un site désert, où l'on peut constater les traces de la culture d'autrefois, malgré la formation assez récente de dunes de sable. Le tell, qui a la forme générale d'un arc de cercle, est long d'environ un demi mille; il s'étend de l'Ouest-Sud-Ouest à l'Est-Nord-Est ; sa plus grande hauteur n'excède pas 15 mètres. En 1854, Loftus y passa et en rapporta une statuette en diorite; De Sarzec en 1881 y reconnut les restes d'une ville, signalant la rencontre de briques, de fragments de vases en onyx, de silex taillés et d'une tête de statuette comparable aux figures de la stèle d'*Eannatum*. (*Découvertes*, pp. 74, 102-109 et pl. 6, fig. 3). Peters, vers 1890, y rencontra de nombreuses tablettes cunéiformes. Lorsque le Dr Andrae visita le site en 1902-1903, il remarqua les vestiges d'un large bâtiment sur une plate-forme d'environ 70 mètres de côté, située au Nord du tell; un petit monticule en occupait le centre. Beaucoup de briques carrées, cuites, se rencontraient au Sud, ainsi que des traces d'un édifice rectangulaire. La découverte de nombreux fragments de diorite, donna à penser au Dr Andrae qu'il devait subsister des restes de sculptures; en tous cas, il trouva un morceau de diorite portant une partie d'inscription archaïque d'excellente facture. Sur tout le monticule se rencontraient, ainsi qu'à *Fara* (l'antique *Šuruppak*), des débris, vestiges de primitives habitations.

Jusqu'ici, aucune fouille régulière n'a été entreprise à *Djokha;* les recherches des Arabes ont mis au jour, avant les tablettes dont nous nous occupons ici, quelques tablettes et trois cônes au nom du patési *Galu-Utu* (Amil-Šamaš). Le P. Scheil, lors de sa campagne de fouilles à

Sippara (1893-1894), eut entre les mains de nombreux documents de cette provenance, tant épigraphiques que figurés ;
il dut même laisser au Khan d'*Abu-Habba* un fragment
d'inscription archaïque sur calcaire (imprécation), trop gros
pour être emporté ; le nombre des tablettes venues tout
récemment de cette provenance, leur contenu, prouvent qu'il
s'agit là d'un site dont l'importance est de premier ordre.

LE ROLE HISTORIQUE D'UMMA

La ville d'*Umma* a joué dans l'histoire un rôle considérable ; nous la voyons, dès l'origine, en démêlés avec sa voisine *Lagaš* (aujourd'hui *Tello*) ; l'écriture sumérienne de son nom est *Giš-uḥ-ki*. La lecture : *Umma*, est assurée par un vocabulaire néo-babylonien (*Cuneiform Texts*, volume XII, planche 28, face, ligne 7) et par Hrozný (*Zeitschrift für Assyriologie*, tome XX (1907), page 421).

L'identification d'*Umma* avec le site de *Djokha* qui est certaine aujourd'hui, est dûe au P. Scheil. Hilprecht (*O.B.I.*, p. 269) avait pensé qu'il s'agissait de *Harran*, ville dont les ruines ont la forme d'un arc de cercle, à cause d'une lecture erronée : *Giš-ban*. Mais dans le cône d'*Entéména*, il est rappelé qu'*Eannatum*, de *Lagaš*, fixa, de concert avec *Enakalli*, patési de la cité en question, les limites communes des deux territoires ; cette communauté de frontières est exclusive de *Harran*. Lors de ses fouilles à *Sippara*, le P. Scheil envoya en reconnaissance, à *Djokha*, un ouvrier ; celui-ci lui rapporta trois tablettes de comptabilité de l'époque d'Ur, qui, par une heureuse fortune, donnaient la date et l'endroit de la rédaction. Considérer que le lieu de la trouvaille était bien l'endroit indiqué sur les tablettes n'avait rien d'improbable, l'événement ayant prouvé qu'il en avait été de même pour *Tello* où se trouvaient des tablettes datées de *Lagaš*. La seule question était de savoir si l'émissaire était bien allé à *Djokha*. Des cheikhs arabes de *Djo-*

kha remirent au P. Scheil, quelque temps après, deux cônes de fondation en terre cuite, au nom de *Galu-Babbar*, patési d'*Umma*. L'identification était assurée ; elle a été complétée par une récente communication du P. Scheil à l'Académie des Inscriptions et Belles-Lettres (*Comptes rendus*, 1911, p. 318), sur laquelle nous aurons l'occasion de revenir plus loin.

De même pour la lecture *Giš-uḫ*. Le second signe (n° 140 du syllabaire) est la deuxième moitié du signe 214 d'Amiaud et du signe 8124 de Brünnow, dont la lecture est *uḫ*. Le P. Scheil a rapporté (*Z.A.*, XII, p. 258) plusieurs graphies de la ville de *Ḫu-ḫu-nu-ru* ; ce sont : *Ḫu-ḫu-nu-ru* ; *Ḫu-ḫu-ru-ki*, *Ḫu UD+BAN(?)nu-ri-ki* ; *Ḫu-BAN(?) nu-ri-ki*, qui prouvent que le deuxième signe de *Giš-ban* doit être lu *UH*, comme le signe entier. Cette lecture n'est d'ailleurs pas exclusive de la prononciation *ḫu* si voisine.

L'histoire de l'antique *Umma*, nous la connaissons par celle de sa voisine et rivale : *Lagaš*, sur laquelle les fouilles de *Tello* nous ont donné des renseignements précieux. Les sources auxquelles nous pouvons puiser pour ces hautes époques sont la stèle, les galets, la colonnette d'*Eannatum* et le cône d'*Entéména*, qui se complètent d'heureuse façon. Quoique les deux territoires fussent séparés par le Shatṭ-el-Haï ou un de ses canaux, des contestations s'élevèrent entre les deux cités, et *Mesilim*, ce roi de *Kiš*, qui régnait à l'aurore de l'époque historique, alors que *Lugal-šag-en-gur* était patési de *Lagaš*, fut choisi pour arbitre dans la délimitation des frontières.

Le résultat de son arbitrage fut inscrit sur une stèle placée en bordure des deux pays ; d'ailleurs, cette dispute fut réglée moins par les patésis et par *Mesilim* que par les dieux des cités. *Enlil* présida à l'arrangement, *Ningirsu* de *Lagaš* et le dieu d'*Umma* fixèrent les frontières. *Mesilim* qui, seul des chefs de cités, est nommé, ne fit qu'agir sur l'ordre de sa propre déesse : *Kâdi*. A cet âge reculé, nous voyons donc les patésis n'être proprement que les délégués des divinités, qui sont les véritables rois de la ville.

Tous ces renseignements nous ont été transmis par l'inscription du roi *Entemena* de *Lagaš*, successeur d'*Eannatum*, qui rappelle les vieux démêlés de sa patrie et de la ville voisine, avant d'aborder les événements actuels.

Le célèbre monument du Louvre, la Stèle des Vautours, dont un petit fragment est au British Museum, nous donne les détails les plus circonstanciés sur l'histoire d'*Umma*. Il semble que l'arbitrage de *Mesilim* eut assez longtemps d'heureux effets. La guerre se ralluma seulement lorsque *Eannatum*, patési, puis roi (successeur d'*Akurgal* et second successeur d'*Ur-Nina* (2750), régnait à *Lagaš* (2700)[1]. Nous voyons *Eannatum* se réjouir d'avoir voué à *Ningirsu*, son dieu, un nouveau territoire ; ce terrain, qui venait évidemment d'*Umma*, fut-il acheté ; fut-il spolié ? Bien qu'*Eannatum* accuse les gens d'*Umma* d'avoir attaqué sans motif, il semble qu'il faille voir, dans la revendication de ce territoire, la cause du conflit ; nous apprenons que le patési d'*Umma* ravagea *Gú-edin*, à proprement parler : « frontière de la plaine », sur l'ordre exprès de son dieu. Cette expédition nous est racontée à la 6ᵉ colonne de la Stèle, et un détail complémentaire nous vient du Cône d'*Entéména* (col.1, l. 13) ; c'est le nom du patési d'*Umma*, auteur de cette incursion : il s'appelait *Uš*.

Il renversa, brisa la borne de *Mesilim* et envahit le territoire de *Lagaš ;* mais *Ningirsu* veillait, et le patési de *Lagaš* infligea aux gens d'*Umma* une sanglante défaite. 3600 hommes (ou 36.000) furent tués ; les deux chiffres, même le plus faible, sont certainement très exagérés ; en tous cas, la défaite fut complète. *Eannatum* ne s'en tint pas là ; il se fit à son tour envahisseur, assiégea la ville,

---

1. J'emprunte ces chiffres à Ed. Meyer, *Histoire de l'Antiquité*, 2ᵉ édition 1909, tome I, tableaux pages 459 et 506, dont la chronologie est la plus ordinairement suivie.

l'emporta d'assaut et signa la paix avec *Enakalli*, successeur d'*Uš*, qui périt sans doute dans cette guerre désastreuse.

Aux termes du traité, *Gú-edin* fit retour à *Ningirsu*, et l'on creusa un grand fossé pour mieux assurer la frontière, allant de *Gú-edin* à « la grande rivière » ; il faut y voir une branche de l'Euphrate, sans doute même le Shaṭṭ-el-Haï dont le cours, à cette époque, est pour nous assez imprécis. *Umma* dut, en outre, payer à son vainqueur un gros tribut d'orge comme indemnité de guerre.

M. KING, dans son histoire (*A History of Sumer and Akkad*, t. I, Londres 1910), rappelle que, sur le fragment de Londres, se trouvent mentionnés les noms des champs qui aboutissaient à ce fossé frontière (*Cuneiform texts* VII, pl. I, f. n° 23580), mais leurs noms ne nous donnent aucun point de comparaison avec ceux qui sont mentionnés sur nos tablettes. Le traité fut conclu et juré six ou sept fois par les grands dieux des deux cités ; nous relevons ainsi les noms divins d'*Enlil*, *Babbar*, *Ninḫarsag*, *Ningirsu*, *Ea*, *Sin*, *Ninki*.

Le récit de tous ces événements fut gravé sur une nouvelle stèle, la Stèle des Vautours, que l'on conserva avec soin ; peut-être même une réplique du monument alla-t-elle remplacer sur la frontière la stèle du vieux roi *Mesilim*, méchamment renversée par les gens d'*Umma*. Tous ces faits se passaient, en tenant compte des estimations les plus modérées, vers 2700 ; nous n'essaierons point de fixer ici la date de la stèle précédente, celle de *Mesilim*.

Après *Enakalli*, *Ur-lum-ma* (fils d'*Enakalli*), si l'on s'en rapporte à une inscription de la COLLECTION DE CLERCQ, t. II, pl. X, n° 6, p. 92), lui succède. L'exemple paternel ne l'a point assagi ; il prend le titre de roi, envahit le territoire de *Lagaš*, brise la stèle d'*Eannatum*, détruit les sanctuaires ; à l'endroit dit : *Sagig-(g)a*, eut lieu la grande bataille ; le sort des armes fut encore défavorable à *Umma*. *Enannatum* frère et successeur d'*Eannatum* défit *Ur-*

Umma, de façon cependant incomplète, car sous *Entemena*
fils d'*Enannatum*, *Urlumma* vint de nouveau se faire battre
près du canal *Lum-(m)a-gir-nun-ta*. Il fut tué dans la bataille et *Lagaš* décréta l'annexion de sa turbulente voisine.
Entemena, sans doute peu soucieux de voir recommencer
la lutte avec son vieil adversaire, au lieu d'installer comme
patési d'*Umma* un fils de la cité, choisit pour cette fonction
Ili qui était à ce moment prêtre de la ville de *Ninni-Eš* (?)[1],
ville que *Lugal-zaggisi* énumèrera plus tard avec *Umma*
parmi les cités du Sud de la Babylonie qu'il combla de ses
bienfaits[2]; (il faudrait sans doute chercher cette cité non
loin d'*Umma*.) *Entemena* fit d'abord venir *Ili* à *Lagaš*, où
il était retourné; il partit avec lui de *Girsu*, l'installa comme
patési à *Umma*, dessina de nouveau les frontières, donnant
mission à *Ili* d'élargir les canaux qui avaient été creusés pour
servir de limites, et agrandit même son territoire du côté de
Karkar, dont les habitants avaient prêté appui à *Urlumma*.
Les gens d'*Umma* durent contribuer par leur propre travail
à fortifier les abords de *Lagaš* et à développer le système
d'irrigation du pays.

Umma ne tarda pas à payer son ennemie de retour. Après
un patési, du nom d'*Ukuš*, *Umma* était dirigée par *Lugal-
zaggisi* son fils[3] qui tenait en vénération particulière la déesse
Nidaba, déesse des céréales. *Umma* se révolta contre *Uru-
kagina* qui présidait alors aux destinées de *Lagaš*, et cette
fois annexa sa rivale. C'est l'apogée de la gloire pour les gens
d'*Umma*; tandis que *Ukuš* était simple patési, *Lugal-zaggisi*
se proclame roi, roi du pays de *Šumer*, et transporte la ca-
pitale à *Erech*; néanmoins pour ne pas renier complètement
Umma, il continue à se proclamer prophète de *Nidaba*.
(2575-2550). Il nous reste un document de cette revanche de
Lugal-zaggisi; c'est une tablette trouvée à *Tello* par le com-

---

1. Thureau-Dangin, *Recueil de tablettes chaldéennes*, p. 56, n° 120.
2. Hilprecht, *Old Bab. Inscr.*, pt. II, n° 87, pl. 40, col. II.
3. Hilprecht, *O. B. I*, n° 87.

mandant Cros, et dont M. Thureau-Dangin a donné la traduction[1]. C'est une tablette sans caractère officiel, une note prise par un scribe affligé des malheurs de sa cité. En effet, les hommes d'Umma ont mis à sac *Lagaš;* destruction des temples et des statues, pillage de l'argent, des pierres précieuses, du grain, des champs sacrés, etc.; rien n'y manque; la liste douloureuse des édifices ravagés est suivie de la malédiction à laquelle le scribe voue *Lugal-zaggisi* patési d'*Umma* et sa déesse *Nidaba.*

Les dieux durent entendre cette plainte, car, peu après vient l'époque d'Agadé, période d'incontestable primauté sémite; *Umma* et *Lagaš,* n'ont plus à s'envier l'une l'autre; elles sont traitées par le vainqueur sur le pied d'égalité; ce ne sont plus que deux sièges de patésis.

Les tablettes nous apprennent, ainsi qu'il était logique de le supposer que les rapports avec le Nord, l'Est et l'Ouest sont des plus fréquents; *Lagaš* (et *Umma* dut forcément être dans le même cas) est un marché d'objets d'*Elam,* d'esclaves du *Gutiu* et d'*Amurru.* Le nom d'un patési d'*Umma* nous est donné par l'obélisque de *Maništusu,* c'est *Kur-Šes.* C'est alors que les calamités fondent sur *Umma;* le peuple *Guti* envahit tout le Sud et y établit sa domination. Ce que nous savons de cette population, nous le trouvons dans les *Comptes-rendus de l'Académie des Inscriptions et Belles Lettres,* 1911, p. 318, où le P. Scheil a étudié cette *Nouvelle Dynastie Suméro-Accadienne.* Le Zab inférieur, le Tigre, les montagnes de Soleïmanieh et la Diyala marquent assez bien le territoire qu'occupait ce peuple pillard et aventureux, qui fit durement sentir sa force à ses voisins du Sud. *Šargani-šarri,* dit une tablette de *Lagaš,* fit prisonnier le roi des *Guti : Šarlak,* et l'événement est assez important pour dater une année de son règne. *Lasirab,* roi des *Guti,* prend ensuite sa revanche et voue, à *Sippar,* dans le temple

---

1. *La ruine de Shirpourla sous le règne d'Ourou-Kagina, Rec. d'Assyr.,* t. VI, 1907, p. 26.

de *Šamaš*, une masse d'armes à légende sémitique. Le
P. Scheil a établi, d'après les caractères graphiques, que ce
Lasirab dut suivre de peu *Naram-Sin*. A peu près à la même
époque, *Enrida-pizir* qui se proclame : puissant, roi des
quatre régions, en plus de son titre de roi des *Guti*, laisse
au temple de *Niffer* une longue inscription attestant l'asser-
vissement où il réduisit le Sud. Cette calamité publique est
rappelée dans un psaume dont copie fut prise en 287 avant
J.-C. ; il est même probable que les lamentations de la Bibliothèque de Ninive, qui forment le XVe fascicule des *Cuneiform texts*, sont des compositions rappelant cette période néfaste. La ville de *Sippar* dut attendre jusqu'à *Né-
riglissor* pour recouvrer sa statue d'*Anunit* que les *Guti*
avaient emportée à *Arrapha*.

Du caractère des écritures des monuments examinés, et
de la prédominance d'*Uruk* parmi les villes atteintes, le
P. Scheil conclut que cette invasion se produisit peu après
la période d'Agadé, à un moment où *Uruk* (2e dynastie),
avait reconquis le pouvoir, et, dans cette dernière communication, il a apporté la preuve de la domination prolongée
des *Guti* en Sumer-Akkad.

Dans une tablette ayant trait à *Umma*, à un moment
où *Lugal-annatum* en était patési depuis trente cinq ans,
la date suivante est donnée : « au temps de *Sium*, roi des
Guti. » C'est la confirmation de l'établissement durable de
la dynastie étrangère ; c'est mieux qu'une razzia, qu'une
invasion de pillards ; c'est la présence permanente du joug
étranger. Combien de temps dura cet état ? Les dates pré-
cises nous manquent, mais il semble bien qu'il s'agisse de
cent ans à peu près.

Quoiqu'il en soit, *Umma* reparaît dans l'histoire avec la
dynastie d'*Ur* (environ 2300-2188) ; son indépendance est
perdue, un patési la gouverne au nom des souverains d'*Ur ;*
(*Lagaš* est d'ailleurs dans la même situation).

Une tablette publiée par RADAU[1] montre le rang que tenait à cette époque la ville d'*Umma* parmi les cités du royaume; le patési d'*Umma* vient en second, après celui de *Lagaš*: il précède celui de *Babylone* et de *Marad*. Nous savons que sous *Dungi*, dans la 44e année de son règne, le patési d'*Umma* s'appelait *Ur-Negún* (SCHEIL, *Rec. de Trav.*, XIX, p. 62), et que dans sa dernière année de règne, *Gimil-Sin* rebâtit le temple d'*Umma;* mais aucun événement marquant ne vint tirer *Umma* de l'oubli; c'est une petite ville de province qui se livre au commerce et adore les dieux.

Il est probable qu'*Umma*, cette vieille cité des premiers jours de l'histoire, périt, ainsi que *Lagaš* et *Adab*, peu après, lors de la lutte entre la 1re dynastie de Babylone et les rois Elamites de *Larsa* qui finirent par être battus en la personne de *Rim-Sin*, par *Samsu-iluna*. En attendant que des découvertes (qui ne peuvent manquer de se produire vu l'importance du site) viennent combler les immenses lacunes de l'histoire d'*Umma*, voici la liste des patésis ou souverains de cette cité actuellement connus, telle qu'on peut la rétablir[2].

Le P. SCHEIL a eu en mains un fragment d'inscription sur pierre portant : *Su-ru-uš-GI patesi Umma*, en caractères très archaïques; l'avenir permettra peut-être de lui assigner son véritable rang[3].

Puis : *E-ab-zu* roi d'*Umma* sur un fragment décrit dans les *Découvertes en Chaldée*, pl. 5, no 3, et THUREAU-DANGIN, *Inscript. Sumer et Akkad*, p. 212.

Uš, Urlumma, Ili, Ukuš, Lugal-zaggisi, que nous venons de citer plus haut (THUREAU-DANGIN, *I. S. A.*, p. 213).

---

1. *Early Babylonian History* (1900), p. 299.
2. Ouvrages généraux sur l'histoire d'*Umma* : HOMMEL, *Grundriss der Geographie und Geschichte des Alten Orients*, 1901; RADAU, *Early Babylonian History*, 1900; KING, *History of Sumer and Akkad*, 1910.
3. Un *Su-ru-uš-GI* figure sur l'obélisque de *Manistušu*, mais il n'est pas qualifié.

En-na-lum patési d'*Umma*, cité dans une tablette anté-
rieure à l'époque d'Agadé, signalé par le P. SCHEIL, *Revue
d'Assyriologie*, t. VIII, p. 155.

Kur-Šes, (Ašaridu), patési, (obélisque de *Maništusu :*
col. 12, l. 22).

Amil-Šara (*Mémoires de la Mission Archéologique de
Susiane*, t. XIV, tablette 19, p. 77-78). *Mesiggan*, que l'on
peut placer à la fin de l'époque de la dynastie d'Agadé ;
il n'est d'ailleurs pas certain que Mesiggan soit patési
d'Umma.

Lugal-annatum, patési, 35 ans + x, pendant la domination des *Guti* (v. plus haut).

Galu-Babbar (SCHEIL, *Recueil de Travaux*, XXI, p. 125,
et THUREAU-DANGIN, *I.S.A.*, p. 213), contemporain de *Ur-
Bau* et *Gudea*.

Ur-Negún, SCHEIL, *Recueil de Travaux*, XIX, p. 62, qui
apparait en l'an 44 de *Dungi* et gouverne encore en l'an 1
de *Bur-Sin*[1].

A-a-kal-la, en l'an 5 de *Gimil-Sin*.

Da-ga-ga, 1re année d'*Ibi-Sin* (GENOUILLAC, *Trouvaille
de Drehem*, 1911).

Enfin dans la présente collection, le n° 94 nous donne
Abbamu, patési, sans spécifier s'il est ou non d'Umma ; si
nous adoptons l'affirmative, nous le placerons d'après la date
de cette tablette : an 38 de *Dungi* ou 8 de *Bur-Sin*, immédiatement avant ou après *Ur-Ne-gún*.

Je résume ces données historiques dans un tableau chro-
nologique ne différant de celui d'ED. MEYER que par l'ad-
jonction des *Guti*.

---

1. Une tablette m'appartenant (provenance Djokha), datée de l'année de
Bur-Sin, roi, porte encore le sceau habituel de Ur-Ne-gún ; j'ai une autre
tablette datée de l'an 58 de Dungi, scellée de même.

Kiš	Lagaš	Umma
Mesilim	Lugalsagengur 2850	{ (Su-ru-uš GI) E-ab-zu, roi
	Ur-Nina 2750	
	Akurgal.	Uš patési
	Eannatum 2700....	Enakalli
	Enannatum I	
	Entemena 2650....	Urlumma
	Enannatum II.....	Ili, patési étranger
	Enetarzi	
	Enlitarzi	
	Lugalanda	
	Urukagina 2600...	{ Ukuš Lugal-zaggisi, patési et roi
Akkad		Ennalum 2600-2550
Maništusu	Engilsa...........	Kur-šes, patési Amil-d.-Śara
Naram Sin..........	....	Mesiggan
Les Guti	....	Lugal - anna - tum
Ur	Ur-bau 2400 Gudea 2340	} Galu-Babbar
Ur-Engur 2304-2287.	Ur-abba	
Dungi 2286-2229.....	Ur-lama I........	Ur-Negùn [1]
Bur-Sin 2228-2220 ..	Ur-lama II	
Gimil-Sin 2219-2213....................		A-a-kal-la [2]
Ibi-sin 2212-2188......................		Da-ga-ga

1. SCHEIL, *Recueil de Travaux*, XXXVII, *Nouvelles notes d'épigraphie et d'archéologie assyriennes*, XXVI. — Un fils d'*Ur-Negùn* était scribe et s'appelait *Lù-É-maḫ*.

2. *Id.* — La femme d *A-a-kal-la* s'appelait *Nin-ḫi-ni-a*.

L'ART A UMMA A L'ÉPOQUE D'UR

La Statuaire, la Glyptique, l'Épigraphie

Dans la série de tablettes que nous décrivons, nous puiserons aussi d'intéressants renseignements sur l'état de l'art, et en particulier de la glyptique, au XXIII° siècle, à *Umma*. L'art proprement dit du territoire que nous étudions, peu de documents originaux nous le font connaître ; par contre, tous ceux de *Lagaš*, que les fouilles de *Tello* ont mis au jour, nous en donnent un aperçu ; la faible distance qui sépare les deux cités, les rapports si fréquents qu'elles eurent ensemble, nous assurent de l'identité de l'art dans les deux pays ; certain monument même, comme la Stèle des Vautours qui concerne les deux peuples, ne peut évidemment répondre à une formule artistique entièrement différente de celle qui prévalait à *Umma*, bien que ce peuple fût vaincu.

Le Musée du Louvre possède un buste reconstitué au moyen de fragments trouvés à diverses époques, qu'il convient de citer dans cette étude, car si sa provenance est *Tello*, son origine est probablement *Umma ;* la tête, ou plutôt le masque, car la partie postérieure du crâne fait défaut, fût découverte par DE SARZEC et a été publiée par TOSCANNE, *Recueil de Travaux*, vol. XXX. 1908 et : *Découvertes en Chaldée*, pl. VI *ter*, fig. 1 a et b, et pl. XLVIII, fig. 2 pour la restitution ; pour la partie épigraphique, pl. LIV, LV et p. 448. Taillée dans une belle pierre d'un vert foncé, sa conservation est parfaite, sauf l'oreille gauche et la pointe du nez qui manquent ; mais l'expression de la physionomie n'y perd rien ; les yeux sont largement ourlés et le nez, assez épais, a conservé la narine droite ; l'oreille est sommairement traitée ; le cou est court et large, le menton rejoint la poitrine ; une légère dépression marque les limites des cheveux et de la barbe, coupés courts à ce que pense M. HEUZEY ; ED. MEYER croit, au contraire, que le personnage était rasé, conformément à la coutume sumérienne (*Sum. und. Sem.*, p. 81, n. 2). Quoiqu'il en soit, l'aspect de cette tête est tout de calme et de sérénité ; c'est un travail plein de vie, et malgré la technique conventionnelle de l'époque, d'un beau réalisme. La juxtaposition de fragments découverts depuis, a permis de reconstituer en partie le buste de la statuette ; ces fragments portent une inscription (HEUZEY et THUREAU-DANGIN, *Comptes rendus de l'Académie des Inscriptions*, 1907, p. 516) ; c'est un contrat de vente, rappelant les achats de notre personnage : *Lupa*, officier de district (?) d'*Umma* qui se rendit acquéreur de propriétés à *Tello*. Le texte couvrait tout le buste, y compris les bras, dont le geste se devine encore, celui de l'adoration, les mains l'une dans l'autre.

De quelle époque date cette statue ? On peut lui comparer en tenant compte de la différence dans la matière employée, qui se traduira dans le cas présent par un moindre fini, une statue d'*Esar*, roi d'*Adab*, trouvée dans les fouilles américaines de *Bismaya* (BANKS, *Scientific American*, 19 août 1905, p. 137, et *Amer. Journ. Semit. Lang.* XXI, p. 59) et qui est aujourd'hui au Musée de Constantinople ; un fragment avec texte votif de *E-abzu,* roi d'*Umma* (*Découv. en Chaldée*, pl. V, nº 3), une figure assise du roi du pays du nord de *Ma'er* (nº 90828 du British Museum). La confrontation avec ces monuments et ceux de la dynastie d'*Ur-Nina*, dénote la presque absolue similitude de style ; c'est donc de l'époque des premiers patésis de *Tello* qu'il faut dater ce buste, ou du moins de celle qui la suit immédiatement.

Cette statue est-elle originaire d'*Umma*? De grandes présomptions sont en faveur de cette opinion, bien qu'il soit impossible de rien affirmer ; en tous cas, nous avons là le portrait d'un personnage d'*Umma*, plusieurs siècles avant la dynastie d'Ur ; l'étude que nous ferons plus loin des empreintes de cylindres des tablettes de la collection des Hautes-Etudes, nous révèlera le type des gens d'*Umma* du XXIII⁰ siècle ; la transformation, ainsi qu'à *Tello*, aura été peu considérable et toute progressive.

De *Djokha* également (qui porte aussi le nom de *Tell-Umm-el-agareb*), provient une tête en calcaire jaunâtre, acquise par DE SARZEC ; elle a été publiée dans les *Découvertes*, pl. 6, fig. 3, p. 108, dans PERROT et CHIPIEZ, *Histoire de l'Art*, t. II, fig. 299, et dans le *Catalogue des Antiquités chaldéennes du Musée du Louvre* (HEUZEY), n° 79. C'est une tête rasée d'homme, au nez fortement aquilin ; les oreilles, larges et épaisses, sont plantées obliquement d'arrière en avant ; les yeux ont disparu ; les deux larges cavités qu'occupaient des incrustations restent béantes ; de même pour les sourcils, qui sont indiqués par deux arcs de cercle profondément creusés ; le menton est assez aigu et la tête donne une impression de léger embonpoint. Nous connaissons cette technique de l'incrustation des yeux et des sourcils par le n° 112 du *Catalogue*, tête de génisse qui a conservé ses yeux rapportés ; le blanc de l'œil était taillé dans de la coquille, qui jouait le rôle de l'ivoire à cette époque ; la pupille était figurée par une pastille de bitume enchassée au centre, ou par un fragment de lapis ; les sourcils étaient aussi fabriqués en pâte bitumineuse. Cette technique se retrouve la même dans le petit buste de *Maništusu*, également au Louvre. (*Mémoires de la Délégation en Perse*, tome X, p. 1 et pl. I.) Le profil de cette tête est tout à fait comparable à celui des figures qui ornent la stèle des Vautours et le bas-relief d'*Ur-Nina* ; tout convie à l'attribuer à la même époque.

Le Louvre a encore reçu depuis, de même provenance, le

buste d'une statuette féminine (publiée dans les *Musées de France* 1912, n° 1, p. 5). La tête, enfoncée dans les épaules, est fort bien conservée ; les cheveux, traités par stries en forme de guillemets, sont partagés par un large ruban qui semble appliquer sur la tête les boucles couvrant le front, et qui va se perdre derrière la nuque sous la masse des cheveux relevés en chignon ; les oreilles sont à moitié cachées par la chevelure ; les yeux et les sourcils, autrefois incrustés, s'ouvrent largement ; le nez est assez gros, le menton un peu fuyant ; la figure est plus ronde qu'ovale. Le buste est vêtu de l'étoffe appelée kaunakès, dont les longues boucles sont représentées par une série de languettes superposées.

C'est, à peu de chose près, le style des statuettes précédentes, et ce petit buste pourrait être attribué à la période qui suit celle d'*Ur-Nina*.

A l'époque de la dynastie d'Ur, les représentations qui ornent les cylindres ont acquis certains caractères assez constants pour permettre un classement facile. La glyptique affectionne alors deux motifs principaux, qui constituent ce que M. Heuzey a décrit sous le nom de « présentations ». Un dieu, d'ordinaire le patron personnel de l'adorant, prend celui-ci par le poignet et le conduit devant une divinité dont l'attitude est variable, soit assise, soit debout. Ce dieu, une des principales divinités du panthéon babylonien, est souvent caractérisé par un symbole placé près de lui, dans le champ du cylindre ; le croissant pour *Sin*, le soleil pour *Šamaš*, etc. ; son attitude est celle de l'accueil bienveillant. Un type parfait du genre nous est donné par le cylindre de *Gudéa*, patési de *Lagaš*. Le dieu *Ningišzida* conduit le patési devant *Ea*, dont la personnalité paraît assurée par les vases aux eaux jaillissantes qui lui servent d'emblème. Ce cylindre est au Musée du Louvre AOT 3541 ; M. Heuzey l'a étudié dans la *Revue d'Assyriologie* (t. V 1902, p. 129-139 : *Le sceau de Gudéa*). Il s'agit bien du possesseur du cachet dans l'adorant que le dieu intercesseur tient par la main ; le Musée de Berlin possède un considérable fragment de bas-relief, en arc de cercle, qui représente la même scène, et le nom de *Gudéa* est gravé sur la robe du suppliant.

La seconde représentation en diffère quelque peu ; devant le dieu principal se tient l'adorant, les mains l'une dans l'autre, dans une attitude de soumission ; derrière lui le dieu intercesseur élève les mains. Il y a sans doute là un rappel de l'enchaînement des mains, un souvenir de l'attitude que les liens devaient donner au captif devant son maître, en tous cas un geste rituel. Nombre d'exemples de ces présentations nous sont donnés par les cylindres de la Bibliothèque Nationale ; les n°ˢ 83 à 97 reproduisent la première ; les n°ˢ 98 à 123 la seconde. (L. DELAPORTE, *Catalogue des cylindres orientaux de la Bibliothèque Nationale*, 1910). A l'époque des rois d'Ur, ces scènes prennent une telle importance que les motifs si appréciés précédemment : *Gilgameš*, sa lutte avec des animaux, les divinités diverses, etc., ne sont plus qu'accessoires.

La façon de tailler la pierre, que l'époque d'Agadé avait portée à son apogée, reste toujours aussi parfaite ; l'emploi de matériaux à grain serré et dur a permis de réduire les dimensions du cylindre et de pousser le fini des détails. Sous ces rapports, la glyptique des rois d'Ur ne le cède en rien à celle de l'époque précédente, mais cependant il s'y décèle déjà d'indéniables symptômes de décadence. Au souci d'originalité que manifestaient les premiers graveurs, au soin qu'ils mettaient à varier leur composition, ont succédé une stylisation et une impersonnalité très nettes ; les personnages sont reproduits dans un but commercial, toujours parfaits, mais aussi toujours semblables, dans une même attitude qui finit peu à peu par se figer et par perdre les caractères de la vie. Le graveur ne compose plus son cylindre selon les intentions ou la dévotion particulière de l'acheteur. Les cylindres sont faits d'avance, et le choix du client ne portera que sur deux ou trois motifs qu'il devra accepter tels quels ; seule, la case réservée à l'inscription reste libre de façon que l'on puisse graver, après l'achat, le nom, les titres et la filiation du possesseur. Il était jadis important pour l'acheteur d'un cachet d'y retrouver l'image de son dieu protecteur ou de celui dont il voulait se concilier la faveur ; il en est de même aujourd'hui, mais la multiplicité des représentations divines et de leurs symboles accessoires se prêterait mal à cette fabrication à l'avance, qui répond à des besoins industriels ; d'où le type du dieu assis et du dieu debout, dans une attitude qui n'est le propre d'aucun, spécialement ; la seule concession du graveur sera parfois d'ajouter dans le champ du cylindre un emblème qui puisse caractériser la divinité; ce sera tantôt le croissant, tantôt le disque solaire dans le croissant, parfois le vase aux eaux jaillissantes ; le plus souvent l'emblème manquera, et l'acheteur se contentera de cette divinité passepartout et impersonnelle dans laquelle il reconnaîtra celle dont il veut s'attirer la bienveillance.

Les empreintes de cylindres qui sont sur nos tablettes ou sur leurs enveloppes sont la démonstration de ce que nous venons de dire ; *Umma*, à l'époque des rois d'Ur, ne faisait pas exception aux usages reçus.

Ainsi, sur les 100 tablettes ou enveloppes de tablettes dont se compose la collection des Hautes-Études, vingt-deux portent des empreintes plus ou moins complètes de cachets à personnages ; l'une d'elles, de forme prismatique (n° 99), conserve les marques de deux sceaux différents ; d'où, au total, 23 empreintes. La date de ces tablettes ne nous serait-elle pas connue par la précaution qu'a prise le scribe de l'indiquer, qu'il serait possible de la restituer approximativement par la seule inspection des empreintes, tant les scènes représentées sont caractéristiques de l'époque d'Ur. Sur 23 scènes entières ou fragmentaires, 21 sont des présentations. Dans 15 cas (n°s 2, 3, 5, 14, 15, 17, 25, 27,

28, 45, 72, 83, 84, 99 (?), la scène entière est visible ou peut
être reconstituée avec certitude. Au n° 45, le dieu principal est debout; 14 fois il est assis sur une sorte d'esca-
beau à jour, placé quelquefois sur un degré (n° 99). Ce
trône rappelle de tous points ceux qui, sur les Kudurrus,
figureront comme supports des emblèmes divins; le dieu
est habillé du vêtement de kaunakès à volants, drapé de façon à découvrir l'épaule et le bras droits; l'autre bras, au
contraire, est pris dans la draperie jusqu'au niveau du
coude. Le bras libre se tend vers l'adorant dans un geste
d'accueil. Onze fois, la tête du dieu principal nous a été assez
bien conservée pour en permettre l'étude; ailleurs, le dieu
est tête nue (n° 5), ou bien il porte le turban (n° 28), comme
nous le verrons sur le Code d'*Hammourabi;* neuf fois il a
la coiffure à deux cornes venant se rejoindre au sommet de
la tête, en forme d'accent circonflexe aigu, et donnant la
silhouette générale des casques naguère encore en usage
en Perse. Les cheveux ont été relevés au niveau de la
nuque et forment une torsade, un chignon maintenu par
des bandelettes; dans plusieurs cas, la barbe est reconnais-
sable.

Sur ces quinze exemplaires, nous voyons presque toujours dressée devant le dieu, une divinité secondaire vêtue
elle aussi du kaunakès, et portant la coiffure à cornes;
elle tient par le poignet l'adorant dont le vêtement lisse,
moulant les formes, n'est orné par devant que d'une bande
frangée; l'adorant a la tête nue, rasée, comme certaines des
grandes statues de Gudéa; même type et même conforma-
tion du crâne fortement arrondi dans la partie occipitale.
Ce sont là des exemples de la première présentation. Au
contraire, au n° 84, et peut-être aussi au n° 25 un peu
fruste, l'adorant se tient entre les deux divinités; la divinité secondaire est à l'arrière plan, les deux mains levées,
intercédant pour son client; cette scène, avons-nous dit,
constitue ce que M. Heuzey a appelé la seconde présentation.

Est-il possible de savoir quelle divinité est représentée
par le dieu principal ? Ainsi que nous l'avons constaté dans
l'étude de la glyptique, nous sommes à une époque où le
travail garde toute sa perfection, mais où le souci indus-
triel a fait adopter une divinité sans personnalité, dans
laquelle le client pourra voir le dieu de ses préférences.
L'examen de nos empreintes est, à cet égard, probant ; dans
les 15 exemples que nous avons signalés, le dieu apparait
sensiblement le même, et pourtant les gens d'*Umma* ré-
partissaient leur adoration sur nombre de grands dieux.
Sept fois le croissant lunaire placé dans le champ près de
la tête du dieu principal, nous avertit qu'il y faut voir *Sin ;*
ailleurs, la combinaison du croissant et du disque solaire
indique *Šamaš ;* mais, quelle pauvreté d'expression, que
ce seul petit emblème pour caractériser le dieu, en place
de la variété d'attitudes de l'iconographie des anciens graveurs !

Trois empreintes cependant offrent une particularité in-
téressante. Au n° 5, derrière le trône du dieu principal est
une sorte de hampe, au sommet de laquelle se dresse un
petit lion, semble-t-il. Au n° 84, le dieu tient à la main
cette hampe, sommée d'un emblème analogue à ce qui cons-
tituera plus tard les enseignes romaines ; il s'agit d'une sorte
de rectangle au-dessus duquel est un lion. Or, dans une de
nos tablettes, le n° 63, nous constatons l'apport de che-
vreaux pour le *« šu-nir »* ; il s'agit sans doute d'un emblème
métallique semblable à celui que tient le dieu, et auquel
sera destinée cette offrande, de même que l'on sacrifiait au
trône du dieu.

Au n° 99, derrière le trône du dieu, vient un lion « pas-
sant » ; cette représentation nous assure, en tous cas, que
l'usage d'associer les lions à la divinité était déjà général en
Chaldée, dès le XXIII° siècle.

Dans ces images de lion, peut-être faut-il voir un emblème analogue au croissant et au disque, destiné à iden-
tifier le dieu.

Deux scènes absolument différentes nous sont données par les tablettes nᵒˢ 4 et 7. Il s'agit de la lutte de *Gilgameš*, avec des animaux ; au nᵒ 4, le héros, deux fois répété, combat le taureau sacré dont les cornes et la crinière sont très nettes. Il semble qu'il faille voir là le type du taureau sauvage d'Elam, des anciens cylindres, que l'on doit distinguer du taureau sans crinière et à cornes, des vallées de Chaldée, fréquent dans les cylindres de haute époque ; d'ailleurs, il s'agit d'un cylindre archaïque, ou du moins archaïsant ; l'inscription est en caractères anciens.

Dans la scène représentée au nᵒ 7, un personnage, portant une queue d'animal, lutte contre un fauve, vraisemblablement un lion. Il y a là une technique assez différente de celle des autres cylindres ; la facture un peu rude, les personnages trapus, font penser à un faire provincial n'imitant que de loin les modèles en cours.

Comme on le voit, ces deux sujets sont les seuls à représenter, dans la série de nos empreintes, les scènes préférées avant l'époque d'Ur. Toutes les autres sont des présentations.

Ces exemples suffisent à éclairer d'un jour assez vif la personnalité artistique d'*Umma;* perfection de la glyptique, perfection de l'épigraphie, réalisme vigoureux, accusant une technique sûre d'elle-même ainsi qu'on le constate dans le buste de *Lupa* et dans les autres statuettes, tels sont les caractères qui se dégagent de ces monuments. Certains fragments qui apparaissent de temps en temps dans le commerce, et dont la provenance est *Djokha,* prouvent que nous avons là un centre artistique de premier ordre, dont les produits furent certainement égaux à ceux de *Lagaš*, la cité voisine.

C'est avec intention que je traite de l'épigraphie au chapitre que je consacre à l'Art à Umma ; cette conception de l'écriture considérée comme un art, n'est pas étrangère aux peuples orientaux. Les Chinois et les Japonais, dont le système d'écriture peut, par quelques côtés, se comparer à l'écriture cunéiforme, ont de longue date adopté cette classification ; à la base de l'enseignement du dessin était celui de l'écriture ; les maîtres de l'estampe japonaise, rompus à la calligraphie, n'ont pas dédaigné de tracer des caractères d'écriture sur leurs œuvres, dans un but artistique ; ils ont même, dans certains cas, considéré cette écriture comme un ornement aussi important que le dessin lui-même.

Cette conception, à une époque relativement moderne, nous fait mieux comprendre le respect des anciens Mésopotamiens, pour les signes écrits ; d'ailleurs n'était-ce pas le présent d'un dieu ? *Nabu*, fils de *Marduk*, présidait à la confection des tablettes ; c'était le dieu des signes cunéiformes. *Assurbanipal*, qui collationna avec tant d'ardeur les anciens textes, remercie *Nabu* de lui avoir donné le goût et la connaissance de l'écriture ; *Nabu* était en même temps le dieu des beaux-arts, et son épouse, *Tašmetum*, l'assistait dans ses diverses fonctions. Pour l'ancien Babylonien, intelligence, beaux-arts, écriture, tout cela va de pair, et nous vient de *Nabu*.

Pendant longtemps l'écriture fut, en Mésopotamie, considérée comme un art se suffisant à lui-même, ou, pour le moins, digne d'être associé aux plus belles productions de la statuaire et de la glyptique ; l'obélisque de *Maništusu*, le Code d'*Hammourabi* empruntent l'un tout, l'autre la plus grande partie de leur caractère artistique aux signes cunéiformes ; les sculpteurs de l'époque d'*Assurnaṣirapal* bardent encore leurs personnages de légendes écrites ; les graveurs de cylindres se plaisent à reproduire les inscriptions en caractères archaïques près des scènes qu'ils représentent, ce qui concourt à la valeur artistique de l'ensemble, tout comme on inscrivait des devises en belle gothique sur les tapisseries ou les vitraux du Moyen-Age ; l'écriture n'est-elle point, d'ailleurs, un motif habituel de l'ornementation des Arabes, sémites, eux aussi, comme les Mésopotamiens ?

Umma, à cet égard, paraît avoir possédé une école flo-

rissante, gardant ses traditions et les perpétuant avec soin.
L'examen des écrits qui en proviennent révèle une véritable personnalité graphique ; l'écriture de nos tablettes est
propre à cette région et ne peut se confondre avec aucune
autre ; le trait est assez particulier pour constituer une
preuve de l'origine d'un écrit ; c'est ainsi que les tablettes
de *Tello* ressemblent plus à celles de *Drehem,* qu'à celles
de *Djokha* pourtant si voisine. Selon la teneur des documents, l'écriture diffère ; il faut voir là, sans doute, la main
de scribes divers, mais tous épris de la netteté et du caractère artistique de leur œuvre ; c'est ainsi que les tablettes
ayant trait au commerce de la sparterie ne sont pas du
tout semblables à celles qui rapportent les distributions de
boissons et de vivres ; dans les premières, le caractère est
lancé, *currente calamo ;* dans les secondes, les signes, trapus. serrés, sont devenus microscopiques ; mais ce ne sont
que des variétés d'une même écriture, et tel signe : *edin,*
par exemple, un peu particulier dans l'écriture de *Djokha,*
gardera ses caractères propres, quelle que soit la main du
scribe qui l'a tracé.

Parmi les spécimens d'écriture d'*Umma* déjà publiés (je
ne parle pas des fragments lapidaires de belle écriture offi-
cielle qui perdent forcément de leur personnalité), sont : la
tablette qui mentionne *Lugal-annatum,* patési du temps
des *Guti*[1], et deux tablettes d'argile de *Djokha* taillées à
angle droit sur le bord droit, et arrondies des autres
côtés, tablettes un peu antérieures à la dynastie d'Ur[2],
dont l'écriture allongée, élégante, au trait bien lancé, plein
d'assurance, offre toutes les caractéristiques de l'école
d'*Umma.*

Il est dans nos tablettes quelques exemplaires (n°s 53, 54)
d'une écriture bien différente et beaucoup plus archaïque ;

1. SCHEIL : *Comptes-rendus des séances de l'Académie des Inscriptions et
Belles-Lettres,* 1911, p. 318.
2. *Babylonian Expedition of the University of Pennsylvania,* vol. I,
pl. VIII, n°s 18-19.

ces tablettes, comparables à certaines qu'a publiées M. THU-REAU-DANGIN (voir p. II) peuvent être classées au moins à l'époque de la dynastie d'Agadé ; la façon de tracer les chiffres diffère, et celle de dater n'est point non plus la même ; le numéro du mois et celui de l'année sont rappelés, mais aucune de ces tablettes ne nous donne son époque d'une façon explicite.

Gimil-Sin. Année 3, numéros 19, 35, 36, 97.
    — 4,   —   3, 7, 58, 71, 87.
    — 5,   —   3, 95, 98.
    — 6,   —   76, 96, 99.
    — 7,   —   6.
    — 9,   —   81, 90.

Ibi-Sin. Année 2, numéro 12.

La tablette 72, datée *mu ussa Ša-aš-ru-um-ki ba-ḫul* (6ᵉ année de Bur-Sin), offre une variante orthographique curieuse. Le signe *aš* parait rendu par le signe combiné *aš+ šu*, qui a donc ici la valeur *-š-*. Des exemples semblables ont été rapportés par le P. Scheil, *Recueil de Travaux*, t. XXVII : *Nouvelles notes d'épigraphie et d'archéologie assyriennes*, XXVI.

CONTENU DES TABLETTES

Les tablettes des Hautes-Etudes forment une collection d'une assez grande variété ; trente-cinq ont trait à des livraisons d'orge ; neuf à des livraisons de froment, de dattes, de farine, et d'orge de qualité inférieure ; douze traitent de boissons, de nourriture, d'huile, etc. Le bétail vivant fait l'objet de sept tablettes, le bétail mort de deux ; les cuirs et peaux de deux également. Les nattes ou les fournitures nécessaires à leur confection sont mentionnées dans quatre tablettes, les étoffes dans quatre, le cuivre et les ustensiles de ce métal dans sept ; une tablette rappelle une livraison de filets ; une, la livraison de briques ; huit sont des listes de journaliers et mentionnent leur travail et leur salaire ; deux sont des vérifications de comptes ; trois ont trait aux intérêts et revenus, une aux travaux de labour, une à des relevés de champs.

A quelle occasion furent écrites ces tablettes ? Certaines

sont de simples quittances, d'autres sont également des reçus, mais des reçus de contributions versées sans doute dans ces magasins généraux, où l'on puisait pour les besoins civils et religieux ; d'autres encore sont les certificats des dépenses effectuées par les agents du pouvoir pour l'entretien du personnel. (Voir L. LEGRAIN, *Le temps des rois d'Ur*, 1912. *Introduction.*)

Ces tablettes, étant donné le choix judicieux qui a présidé à la formation de la collection des Hautes-Etudes, nous renseignent sur les transactions d'*Umma* à l'époque des rois d'*Ur* et sur leur importance. L'orge y est la denrée la plus fréquemment représentée ; c'est assez naturel ; c'est, à cette époque, où la monnaie n'existe pas, la base des échanges. *Umma* était d'ailleurs un pays riche en céréales ; le *Gú-edin*, pour la possession duquel *Lagaš* et *Umma* se disputaient jadis (stèle des Vautours), est encore un endroit des plus fertiles (tablette nº 7). Lorsque *Umma* fût vaincue par *Lagaš*, elle dut payer un lourd tribut de grain ; les greniers abondent à *Umma* (nᵒˢ 5, 15, 46, 93, etc.), et c'est de là que partent de grands chargements de bateaux pour *Nippur* (nᵒˢ 5, 46, 89, 93, etc.). A l'époque d'*Ur*, par contre, la proportion des tablettes ayant trait au bétail est moins considérable à *Umma* qu'à *Dréhem*. A côté du commerce des nattes, *Umma* se livrait aussi à celui des métaux ; le travail du cuivre semble avoir été en honneur chez elle.

Les renseignements que nous puisons dans ces tablettes évoquent une citée florissante parsemée d'édifices publics, aux canaux encombrés d'une flottille de bateaux marchands, dont le commerce principal est celui des céréales, un centre avancé dans la métallurgie et dont une des ressources est la pêche. Cela seul fait entrevoir quelle différence topographique il y eut entre le désert d'aujourd'hui et le sol irrigué de jadis.

Les apports d'orge, céréale la plus commune en Méso-

potamie à cette époque, abondent, et 35 de nos tablettes
en traitent. Nous connaissons la plupart des grains cultivés
à cette époque. Hrozný, F., dans : *Das Getreide im alten
Babylonien, Wien* 1914, a établi quels grains comestibles
étaient connus alors ; le seigle, l'avoine n'y figurent pas ;
en revanche, on cultivait l'orge *(še)*, l'amidonnier *(ZIZ)*, le
froment *(gig)*[1], le millet *(gú)*. M. L. Legrain, dans ses
Textes Cunéiformes de la collection Louis Cugnin (1913),
rapporte au nᵒ 14 une tablette qui énumère trois espèces
de millet, et la farine du grand millet *(zid-gú-gal)*. Nos
tablettes connaissent les mêmes graines, leur farine *(zid)*,
et distinguent du grain ordinaire le grain ancien *(bad)*,
probablement celui de la récolte précédente ; ou si on lit
ce signe *ug* avec son sens de mort, il pourrait s'agir de
grain ayant germé : c'est, en tous cas, du grain sinon
avarié, du moins de qualité inférieure. Ces céréales sont
affectées aux usages les plus divers ; c'est la nourriture
des mulets(?) *(anšu-bar-an)*, des baudets *(anšu-uš)*, des
moutons à engraisser *(udu-še)* ; tantôt c'est le produit d'un
impôt, tantôt c'est un paiement pour un travail, mentionné
ou non ; c'est aussi l'offrande régulière *(sá-du(g)* à un dieu ;
la distribution du premier de l'an *(sag-mu)* ; parfois cette
orge constitue des chargements de bateaux, et le scribe
nous apprend qu'il vient de tel champ, de tel grenier, du
moulin *(é-ḫar)*. Signalons encore les dattes parmi les den-
rées alimentaires que nomment nos tablettes.

Nous comptons également de fréquentes mentions de li-
quides ; plusieurs de nos tablettes rapportent des livraisons de *kaš* ; le *kaš* est une boisson qu'on s'accorde à
considérer comme faite avec de l'orge : ce serait donc de
la bière ; néanmoins, il est peut-être plus prudent de ne
rien préjuger et de traduire par boisson. Le *kaš* comprend

---

1. Ces deux termes *ZIZ* et *gig* désignent diverses variétés de froment.
ZIZ serait spécialement le froment amylacé : *triticum amylaceum*.

deux variétés : le *kaš šig* et le *kaš gin*. Le premier,
l'agréable, le doux, est plus estimé que le second ; lorsque
les tablettes parlent du *kaš*, sans qualificatif, c'est du *gin*
qu'il s'agit ; on peut donc, si on le veut, traduire par : *kaš* de
première et de seconde qualité. Pareille différence se trouve
encore aujourd'hui dans le vin de palmier et dans le *pulque*
(jus d'aloès mexicain) ; doux dans les premières heures qui
suivent la récolte, ils fermentent et deviennent ensuite d'une
force incroyable. Il existe également une composition *ú-sa*,
tirée d'une plante, qui se présente aussi *šig* et *gin ;* elle se
mesure par pots *(dug)*.

En outre du *kaš*, on distribue de l'huile *(iá)* ; cette huile
sert à plusieurs fins, elle assaisonne le pain, elle se mêle
aux dattes de façon à constituer une pâte nourrissante,
enfin peut-être sert-elle à la saponification de l'*uḫulu*, la
plante à soude que nous mentionnerons tout à l'heure. On
distingue plusieurs qualités d'huile, l'huile proprement dite,
qualifiée souvent par le signe *giš*, l'idéogramme du bois
(l'huile d'olive ?) ; l'huile est encore qualifiée de *zag* (98,
15) ; étant donnée la valeur *imittu* (droit) de *zag* et ce
fait qu'on rencontre des dattes *zag*, il faut comprendre : de
premier choix ; c'est de l'huile raffinée. L'huile *dun* (96, 15,
20) serait de l'huile « fine », mais le signe *dun* a une autre
valeur *šaḫ* qui signifie : porc ; il s'agit peut-être de saindoux ; d'ailleurs la distribution de l'*iá-šaḫ* n'empêche pas
la distribution de l'*iá* ordinaire (96, 15), ce sont donc des
corps assez différents ; c'est le cas de l'huile et du saindoux. Le signe *iá* ne désigne pas seulement les corps hui-
leux, mais aussi les corps gras ; c'est ainsi que l'*iá-nun*
est le beurre (87) ; il admet plusieurs qualités ; au n° 87 il
est *du(g)-ga*, c'est-à-dire fin.

Le *gar* est fréquemment distribué dans cette même série
de tablettes ; c'est la nourriture en général et plus spécialement le pain, ces pains orientaux en forme de minces galettes
mal cuites. L'*elteg (uḫulu)* (n°s 35, 36, 58, 71, 95, 97, 98)
est une substance qu'a identifiée M. THUREAU-DANGIN dans

la *Revue d'Assyriologie* (7ᵉ volume, nᵒ 11, 1910 : *La déesse Nisaba*, page 107); c'est la soude, la plante à soude. A quelle fin était destinée cette soude ? C'était un procédé primitif de nettoyage; la soude servait à la lessive et sa distribution, en même temps que celle de l'huile, autorise à croire que l'usage du savon n'était pas inconnu. M. Thureau-Dangin s'est demandé s'il ne s'agissait pas ici simplement du sel comestible ?

Cette série de tablettes nous montre quelle était là nourriture journalière de l'homme d'*Umma* au XXIIIᵉ siècle avant notre ère. Comme boisson, un breuvage fermenté plus ou moins chargé d'alcool ; comme nourriture, du pain trempé dans l'huile. Ajoutons-y l'usage du *sum (šummu)*, dont l'identification est d'ordinaire faite avec l'oignon. Les tablettes ayant trait aux livraisons d'orge sont garantes de l'importance de ce grain dans l'alimentation, puisqu'il règle les échanges et paie les salaires ; nous avons vu le millet, le froment, les dattes et quelques fruits. C'est en somme la nourriture habituelle du peuple d'Orient aujourd'hui ; la viande est d'un plus rare usage ; elle n'est point pour le menu peuple.

La comptabilité du bétail, qui fait le fonds des tablettes de Dréhem, figure aussi dans celles d'Umma ; ce sont les bœufs *(gu(d)*, bœufs gras *(še)*, les bœufs d'herbage *(ú)*, les vaches *(áb)*, les agneaux *(sil)*, les petites gazelles *(amar maš-dú)*, les moutons *(udu)*; ces animaux sont des offrandes volontaires ou proviennent de contributions.

Deux de nos tablettes (nᵒˢ 73, 78) mentionnent des animaux morts *(úg)*; sont-ce des animaux morts, ou tués, soit pour les sacrifices, soit pour la boucherie? En tous cas, c'est un apport qui exige un reçu. Il semble donc qu'il s'agisse plutôt de viande de boucherie.

Les peaux de bœufs, de moutons, sont naturellement un objet d'échanges (nᵒˢ 24, 44).

Beaucoup de tablettes d'Umma ont trait au commerce

des nattes (?) *(sa-gi)* ; elles jonchent le sol, servent de couvertures aux auvents, tiennent lieu de voiles pour les bateaux *(sa-má)* ; ces nattes sont faites avec des roseaux, dont la tablette 70 rapporte une fourniture au fabricant.

Trois documents de la collection des Hautes-Etudes sont consacrés à la laine et aux étoffes ; cette laine *(sig)* est estimée au poids ; ce sont les bergers *(na-kíd)* qui la livrent ; tissée en étoffe *(túg uš-bar)*, elle est donnée en gratification (n° 79).

A l'époque d'*Ur*, nous sommes en plein âge du métal, mais le fer n'est pas encore connu ; *Umma* s'adonnait alors à la métallurgie ; beaucoup de tablettes de cette provenance sont consacrées au travail du cuivre ; c'est le cas de sept numéros de la collection que j'étudie. Le cuivre est pesé, qu'il soit en minerai ou grenaille *(nig-sahar-ra)*, ou en barres ou plaques *(urudu-kin)* ; ce sont les forgerons *(simug)* qui s'occupent de ces échanges. Parmi les ustensiles fabriqués avec le cuivre figurent, dans nos tablettes, des instruments *(ha-sú-da)* qui sont indéterminés. Ayant trait également à la pêche, sont les filets *(giš-par)* ; des filets pour attacher aux bateaux *(má-lal-a)*, et qui viennent de la pêcherie *(é-suhur-ku-šer)*. Une seule tablette (n° 42) se rapporte à la bâtisse ; des briques *(sig)* sont livrées en vue de l'édification d'une maison.

Les tablettes 29, 38, 49, 61, 80, 82, 84, nous donnent des listes d'individus *(kal)* salariés en échange de travail fourni, ou simplement contribuables. Ce sont des laboureurs *(apin)*, des bouviers (?) *(ša(g)-gu(d))* qui travaillent par petites escouades sous la conduite de leur chef d'équipe *(pa)* ; les servantes elles-mêmes *(gim)* ont leur *pa ;* les manœuvres, simples hommes de peine s'acquittant des gros ouvrages, ne sont pas qualifiés ou sont appelés journaliers *(šú-gá)*. Toutes ces besognes et les paiements sont surveillés par un contrôleur *(igi-gar)*. Les travaux dont il s'agit sont par excellence des travaux agricoles, le défrichement *(al)*, la coupe des roseaux *(gi-kud)*, le curage (?) *(ú-il)*. D'autres fois, sans doute, le travail a été effectué, il reste à le payer et nous voyons (n° 84) des manœuvres et des prêtres *(uš-ku)* recevoir du grand-prêtre une ration d'orge. Le tarif auquel travaillent ces manœuvres n'est pas le même pour tous ; les uns ont un salaire d'un tiers *(á, 1/3, n° 49, lignes 19, 21)* ; il s'agit soit du tiers du salaire des autres, soit du tiers du salaire habituel qui semble compté au mois.

Avec les n°s 64 et 65, nous avons des indications d'opérations courantes de comptabilité ; ces pièces viennent du bureau des archives *(pisàn dub-ba)* ; l'une (64) mentionne le relevé de comptes d'un individu, sous le contrôle d'un fonctionnaire *(gìr)*, l'autre (65) a trait à des rations alimentaires, et brièvement au revers les comptes sont approuvés, *(gál-ni)*. Trois tablettes mentionnent des revenus (n°s 8, 45, 55) ; une des travaux de labour, qu'il faut rémunérer (n° 90) ; une enfin (n° 100) est un relevé de champs ; c'est une énumération de terres, dont on évalue la superficie en tenant compte de leur valeur ; bonne terre *(šig)* raboteuse, pierreuse *(dŭl)*, argileuse *(sik-ki-dim)*, en jachère *(kislah)*, défrichée *kislah su(d))*, marécageuse *(a-kal)*, irriguée *(a-de-a)* ; et, lorsqu'il en est besoin, la situation d'un champ est précisée par le rappel de ceux qui l'avoisinent.

Comme on le voit, la variété de ces tablettes est suffisante pour permettre d'évoquer la vie quotidienne dans la cité d'*Umma* au XXIIIe siècle ; la lecture des tablettes elle-même fournira mille petits faits, mille détails qui sont autant de traits de mœurs qu'il serait fastidieux de rapporter ici par le menu.

LES NOMS PROPRES, LA RELIGION

J'ai réuni, à la suite de la traduction des tablettes, une liste des noms propres qu'on y rencontre. A côté des noms habituels à cette époque, notre liste nous offre nombre de noms étrangers ; c'est une conséquence de la situation politique d'*Umma*. Lorsque les souverains d'*Ur* règnent sur la ville, il ne s'est pas écoulé beaucoup d'années depuis la domination étrangère, depuis la domination des *Guti*. Ceux-ci ont perdu le pouvoir, mais ils ont laissé des traces ; il reste encore dans la cité des descendants des vainqueurs et d'autres étrangers, et nous avons là des échantillons de leur onomastique ; c'est sans doute à des *Guti* (nous connaissons le nom de quelques-uns de leurs rois), qu'il convient d'attribuer les noms suivants : *Da-ḫi-še-ne, Ka-ma-ni, Ka-ma-ni-zi, Um-sa, Um-si, Gir-ri-ib*, etc.

La composition des noms, qui suit les règles habituelles à cette époque, proclame souvent la vénération de l'individu à l'égard de tel ou tel dieu ; ces noms, qui comportaient un élément divin, étaient parfois abrégés dans la pratique, l'individu ne faisant usage que d'une partie de son nom, d'où la fréquence des *Dungi*, des *Ur-Sin*, et des noms théophores où la divinité d'Umma est représentée. Lorsqu'il s'agissait d'un document où figurait un seul personnage, souvent la profession de l'individu le précisait suffisamment. Mais dans la tablette n° 25, un *Dungi* reçoit de l'orge provenant d'un autre *Dungi ;* alors les noms de ces deux homonymes sont mis tout au long, et nous voyons que l'un est *D.-Dungi-taš-šu-ru-ûk*, et l'autre *D.-Dungi-kalama-me-te-bi* (Dungi est le joyau du pays).

Les noms s'appliquent aussi aux choses ; d'abord aux terrains ; les champs ont fréquemment un nom ; souvent ils sont désignés du nom de leur propriétaire *(a-ša(g) Da-gi-a*, etc.), bien souvent aussi ils sont désignés du nom d'une de leurs particularités physiques ; c'est le champ de la colline sainte *(dŭl-azag-gi)*, le champ du grand verger *(giš-sar gu-la)*, de la frontière de la plaine *(gú-edin)*, le champ lointain *(ki-bad)*, le champ de la grande culture *(lal-mah)*, de la petite culture *(lal-tur)*, de même pour les canaux *(id lugal)*.

Les greniers abondent à Umma, et nous connaissons le nom de certains d'entre eux : l'*é-šu-tùm*, le *gùr da-giš-sar*, ce dernier désigné par sa situation, etc.

Mention est faite également, dans ces tablettes, de nombre d'édifices civils ou religieux dont nous avons dressé la liste.

Enfin nos tablettes 26, 93 mentionnent *Ki-an-ki*, sans doute un quartier d'*Umma*, comme *Girsu* à *Lagaš*. Ce nom se retrouve dans des documents assez importants[1].

Mais si rien ne nous autorise, étant donnée la rédaction des tablettes en langue idéographique, à lire certains noms qui s'y prêteraient, dans leur transcription sémitique, il en est d'autres purement sémitiques : *Šelibum*, *Liburbeli*, etc. Ceci nous montre le degré qu'avait déjà atteint la diffusion de la race sémitique dans le royaume d'*Ur*, la pénétration pacifique qui précéda la dynastie d'*Hammourabi*. D'ailleurs, n'est-il pas question d'Amorrites fréquemment dans les tablettes de *Drehem*, et une fois dans les nôtres (n° 56) ?

Il convient aussi de remarquer, dans les tablettes de la collection, datant de l'époque qui précède la dynastie d'*Ur*, (n° 53, 54), la rencontre des noms d'usage courant aux hautes époques : *En-an-na-túm*, *Du-du*, etc.

---

1. Dr G. CONTENAU. *La cour et la maisonnée d'un patesi d'Umma au temps du roi Dungi. Journal asiatique*, t. III, n° 3. A propos du nom de ce faubourg, je dois introduire ici une note rectificative ; 1° c'est par erreur que j'ai signalé la mention possible d'un *É-an-ki* à la tablette n° 52 ; 2° le nom de ce quartier est *Ki-an-ki*, et non *An-ki*.

La religion est à la base de la société antique, et la série des tablettes des Hautes-Etudes offre, à cet égard, des renseignements circonstanciés, d'abord en nous donnant des noms de divinités ; nous voyons que les offrandes régulières d'orge ou de bétail sont faites à la divinité d'*Umma*, au dieu *Ea*, au divin *Dungi*, à *Nin-lil*, etc. Nous connaissons les plus grands temples d'*Umma* : l'*é-pa*, l'*é-mah*, l'*é-gi*, etc. L'*é-pa* nous est connu par la grande tablette de *Lugal-annatum* ; il est piquant de rencontrer un *é-pa* à *Umma*, sans doute à l'imitation de l'*é-pa* à étages qui s'élevait à *Lagaš* ; la rivalité entre les deux cités se poursuivait jusque dans le domaine religieux.

Les dieux possèdent des champs dont le revenu leur est affecté, mais les temples aussi ; nous trouvons dans notre tablette cadastrale le champ de l'*é-mah*. La désignation des individus, ou leur sceau, nous apprend combien nombreux étaient les prêtres et les dignitaires : ce sont les anciens *(ab)*, les voyants *(pa-al)*, les porte-x *(šid-lal)*, les conjureurs *(lu-pad)* et tant d'autres. Enfin, si le patési reçoit les contributions, il n'en est pas moins tenu à des offrandes ; à la tablette 13, nous voyons le patési envoyer de l'amidonnier ; au n° 52, le patési de Babylone fait au temple un envoi de 99 moutons. Un sceau enfin mentionne particulièrement la déesse *Ninda de Sirpula*, la ville voisine (n° 86).

Les offrandes fréquentes à la divinité d'Umma, les champs qui lui appartiennent, les individus qui se proclament ses serviteurs, font encore plus regretter que cette divinité reste sans identification certaine. L'idéogramme qui la rend figure au n° 187 du *Recueil de signes* du P. SCHEIL, et au n° 458 des *Recherches*, de THUREAU-DANGIN. C'est un composé du signe *lagab*, et du signe *igi+gunu* qui y est renfermé.

La lecture de cet idéogramme nous est connue par une tablette de Yale University, qui est fort importante. M. St. LANGDON a bien voulu me communiquer la copie du passage suivant, qu'il avait eu l'obligeance de demander à M. Clay. La tablette porte :

ša-ra ⸢𒂠⸣ 𒂠 ša lagab-ba-ku igigunu igub 𒈨𒂠.

ša-ra ⸢𒂠⸣ 𒂠 ša lagab-ba-ku ta-ka igub 𒈨𒂠.

C'est donc *Šara* qu'il faut lire ; le signe a été confondu avec 𒂠, comme M. St. Langdon me l'indiquait auparavant.

, Hommel[1] rappelle que, d'une inscription de *Lugal zag-gi-si*[2], il résulte que la grande déesse d'*Umma* était une variété de forme d'*Ištar :* tantôt *Nidaba*, déesse des céréales, tantôt *Zirkatu* (?) à qui s'appliquerait l'idéogramme rendu maintenant par *Šara*, tantôt *Gula*, représentée par l'idéogramme que l'on convient de lire *Ninâ*.

Si *Šara* indique une variété d'*Ištar*, aucun de nos cylindres ne représente la divinité patronne d'Umma, car les empreintes 84 et 99, où le lion semble l'emblème de la divinité, me paraissent offrir l'image d'un dieu barbu. Si *Šara* est, comme *Tammuz*, un dieu de la végétation et non une déesse, on pourrait se demander si la divinité aux lions des cylindres n'est pas la divinité particulière d'*Umma*[3]. Il convient cependant de remarquer que sur les cylindres n⁰ˢ 117, 128, 129, 130 de la Collection De Clercq, qui représentent un lion derrière la divinité principale, les dédicaces vouent ces cylindres au dieu *Šamaš*.

---

1. *Grundriss der Geographie und Geschichte des Alten Orients* 1904, p. 354.

2. Hilprecht, n° 87, l. 10.

3. St. Langdon. *Tammuz and Ištar*, Oxford, 1914, p. 153, signale la relation qu'il peut y avoir entre la divinité d'Umma et Ḫani, dieu de la végétation, qui y était honoré.

TRADUCTION DES TABLETTES

I

LIVRAISONS D'ORGE : N°s 2, 4, 5, 7, 10, 11, 12, 13, 14,
15, 16, 17, 18, 22, 23, 25, 26, 27, 28, 30, 31, 34,
39, 41, 43, 46, 47, 48, 50, 57, 59, 67, 68, 69, 75,
76, 86, 89, 93, 94.

LIVRAISONS DE FROMENT : N° 88.

LIVRAISONS DE FARINE : N° 19.

LIVRAISONS DE DATTES : N°s 3, 72.

2

60 10 8 4 × 60 še-gur-	78 *gur*, 240 *qa* d'orge, me-
lugal	sure royale,
še-ba ša(g)-gu(d) Din-	ration du bétail de *D.-Sa-*
gir-saḫarra	*ḫarra*,
itu ab²-ta itu pap-e-ú	du mois de *Ab²*, au mois de
-e-šu	*Pap-ú-e ;*
itu-bi itu 8-ám	celà fait 8 mois.
5. *ki]-Ur-dingir-Ne-gún-ta*	De la part de *Ur-d.-Ne-gún,*
R. *Lugal-giš-sar šu-ba-ti*	*Lugal-giš-sar* en a pris li-
	vraison.
mu a-du 2-kam Gan-	Année où pour la 2e fois,
ḫar-ki ba-ḫúl.	*Gan-ḫar* a été ravagé.

(D. 41)

Sceau	Sceau
Lugal-giš-sar	*Lugal-giš-sar*
dub-sar	scribe
dumu Lugal-azag-ga-ni.	fils de *Lugal-azag-ga-ni.*

3

Lal-li 9 50 8	Reste de 9 *gur*, 58 *qa*
5/6 qa ka-lum gur	et 5/6 de *qa* de dattes ;
lal-li dú(g)-ga-ni (?)	reste dont l'évaluation (?)
gi(n)-na	est nette,
5. *ki-Lugal-esen-ta*	qui provient de *Lugal-esen.*
Lù-ka-ni	*Lù-ka-ni*
zu-zu-dam	l'a pris pour son revenu,
R. *mu bád ba-dû*	l'année où l'on a construit
	Dûr-Martu,
mu us-sa bád ba-dù šu.	pour l'année qui suit celle
	où l'on a construit *Dûr-*
	Martu.

(G.S. 5)

Sceau	Sceau
Lugal-[	*Lugal-[*
dumu Ka-dingir-Šara	fils de *Ka-d.-Šara.*

4

20 9 60 40 7 1/2 qa	29 *gur*, 107 *qa* 1/2 d'orge,
še-gur-lugal	mesure royale ;
sá-dú(g) dingir-Šara	offrande régulière à *Šara* ;
ki-Arad-ta	des mains d'*Arad*,[1]
5. *Lugal-esen šu-ba-ti*	*Lugal-esen* en a pris livrai-
	son ;
itu dirig	mois *Dirig*
mu a-du 3-kam Si-mu-	de l'année où pour la 3ᵉ fois
ru-um-ki ba-hûl	*Si-mu-ru-um* a été ravagé,
[itu] še-sag-kud	pour le mois *Še-sag-kud*
10. *mu us-sa a-du 3-kam*	de l'année qui suit celle où

---

1. Ce nom revient à satiété dans nos tablettes ; bien qu'il signifie : serviteur, il paraît être, par analogie, un nom propre.

Si-mu-ru-um-ki ba- *ḫúl šu.*	pour la 3ᵉ fois *Si-mu-ru-* *um* a été ravagé.

(D. 43)

Sceau

Lugal-esen *dumu Lugal-gú.*	*Lugal-esen* fils de *Lugal-gú.*

Sceau

5

Enveloppe

8 × 60 5 × 10 2 [še-gur]- *lu[gal]*	532 *gur* d'orge,
	mesure royale ;
má-a sig-ga	chargement d'un bateau
Nibru-ki šú	à destination de *Nippur*,
5. *Na-ga-ab-tùm šú*	pour *Na-ga-ab-tùm*,
gūr da giš-sar	venant du grenier,
	à côté du verger, sur le
id lugal-ka-[ta]	canal royal.

Sceau

Lù-ka-[
  dub-[sar]
dumu Da-du[
	Lù-ka-[
	  scribe,
	fils de *Da-du-[*

Tablette

má-a [	bateau [chargé
Nib[ru	à destination de *Nippur*
gūr	venant du grenier [
id lugal-ka-	canal royal [
ta.	

7

20 *še-gur-lugal*	20 *gur* d'orge, mesure royale ;
sá-dú(g) Dingir-Ea	offrande régulière au dieu
	Ea,

ù Dingir-Nin-uš-dú(g)-	et à *D.-Nin-uš-dú(g)-tab-*
tab-tab-zag	*tab-zag,*
Gú-edin(na)-ta	venant du *Gú-edin* ;
5. *ki-Arad-ta*	des mains d'*Arad,*
Ur-nígin-gar	*Ur-nígin-gar*
R. *šu-ba-ti*	en a pris livraison.
itu dingir Dumu-zi	Mois de *Dumu-zi*
mu bád ba-dù.	année où l'on a construit
	Dûr-Martu.

(G.S. 4)

Sceau	Sceau
Ur-nígin-gar	*Ur-nígin-gar*
dumu Lugal-[	fils de *Lugal-[*

10

60 40 še-gur-lugal	100 *gur* d'orge, mesure royale ;
gur sá-dú(g)-ta	*gur* provenant d'offrande régulière ;
še dub-sag a-du 1 kam	l'orge de la 1re tablette de la 1re fois
bar-ta-gál-la	est mise à part,
5. *ki-su igi é-a-sìg-tur(??)*	à la réserve' devant l'*É-a-sìg-tur,*

---

1. Le *Gú-Edin* nous est déjà connu par la stèle des Vautours ; dès cette époque il fut l'objet des contestations de *Lagaš* et d'*Umma*, et resta aux gens de *Lagaš*, vainqueurs ; au temps de la dynastie d'*Ur*, il appartient vraisemblablement à ceux d'*Umma* ; c'est un lieu de culture de grande richesse, si l'on en juge par les quantités de céréales qu'on en tire. Il en est question aux n°ˢ 43, 50, et au n° 100, lors de l'établissement d'un cadastre, figurant certaines portions du *Gú-edin*.

2. Cette expression *ki-su* revient fréquemment dans les tablettes (n°ˢ 29, 30, 76, 89). Les qualifications qui la suivent indiquent qu'il s'agit d'un endroit spécial ; le x du champ *Lal-mah*, le x *Dabúr*. Le *kisu* d'un temple est le revêtement extérieur des murs d'un temple (cf. Koldewey, *Das wieder erstehende Babylon*, p. 61) ; je ne crois pas qu'il s'agisse ici de quelque chose de semblable. Si nous donnons à *ki* sa valeur locative, sachant que le *su* est le revenu du serviteur, acquis par son travail, revenu qu'il peut ne pas

a-ša(g) lal-maḫ-ta	venant du champ *Lal-maḫ ;*
R. *Ur-dingir-Sin dub-sar*	*Ur-d.-Sin,* scribe,
šu-ba-ti	en a pris livraison ;
gìr A-kal-la nu-banda	fonctionnaire : *A-kal-la,* of-
	ficier.
10. *itu dingir Dumu-zi*	Mois du dieu *Dumu-zi*
mu Dingir-Bur-Sin	année de *Bur-Sin,*
lugal.	roi.

(B.S. 1)

Sceau	Sceau
Ur-dingir-Sin	*Ur-d.-Sin*
dub-sar	scribe
dumu [	fils de [

11

2 2×60 še-gur-[lugal	2 *gur,* 120 *qa* d'orge, mesure
	royale,
a-du 1-kam	pour la 1re fois ;
gìr A-gu-gu	fonctionnaire : *A-gu-gu.*
3 4×60 še-gur	3 *gur,* 240 *qa* d'orge,
5. *a-du 2-kam*	pour la 2e fois ;
gìr Ur-Ginar dumu Ur-	fonctionnaire : *Ur-Ginar,* fils
nigin-gar	de *Ur-nigin-gar ;*
A-kal-la-ta	de la part d'*A-kal-la ;*
4 3×60 še-gur	4 *gur,* 180 *qa* d'orge
Ur-dingir-Ka-di	à *Ur-d.-Ka-di ;*
10. R. *3 še-gur*	3 *gur* d'orge
Ur-dub	à *Ur-dub,*
dumu Dingir-Ku	fils de *D.-Ku ;*
še apin-lal da-	orge à répartir pour la cul-
ba-a	ture ; (?)

toucher et qui, dans ce cas, lui est mis de côté par le patron (LEGRAIN, *Le temps des rois d'Ur*, p. 25), ce sens peut convenir au cas présent ; ce serait l'endroit du revenu, la réserve.

15. *10 6 2×60 še-gur*   16 *gur*, 120 *qa* d'orge,
    gú 2 a-ba   répartis en deux fois,
    Lugal-é-mah-e.   à *Lugal-é-mah-e.*

12

x] 4×60 50 še-gur   x] *gur,* 290 *qa* d'orge,
Uš-gid-da-ta   de la part d'*Uš-gid-da ;*
60 še   60 *qa* d'orge,
ki-Lù-d.-Túg-an-ka-ta   de la part de *Lù-d.-Túg-an-ka;*
5. *5×10 7 qa še*   57 *qa* d'orge,
gìr Ka-dingir-Šara   fonctionnaire *Ka-d.-Šara,*
10 5 qa Gar-šu-um   15 *qa* à *Gar-šu-um ;*
R. *60 še*   60 *qa* d'orge,
ki-Ur-dingir-Sin-ta   de la part d'*Ur-d.-Sin ;*
10. *šunigin 2 3×60 10 7*   total : 2 *gur*, 197 *qa* d'orge;
    qa še-gur
sag-nig-ga-ra-kam   fonds,
ša(g)-bi-ta   (pris) là-dessus.
mu En-dingir-Ninni   L'année où le prêtre de *Ninni*
15. *maš e] ni-pad.*   fut choisi par le sort.

(D. 53)

13

10 8 še-gur-[lugal]   18 *gur* d'orge, mesure royale ;
dim bil ki.....ka (??) [*x* nouveau venant de [
    lugal ta   *lugal ;*
2 ZIZ-bad-gur é-gi   2 *gur* d'amidonnier ancien
                              pour l'*É-gi*
5. *id lugal-ta*   venant du canal royal ;
sá-dú(g) sangu giš-   offrande régulière au prêtre
    [uh?]-ki   d'*Umma (?)*
ki-pa-te-si-ta   de la part du patési ;
R. *Ka-azag šu-ba-*   *Ka-azag* en a pris livrai-
    ti   son ;
10. *itu ri*   mois de *Ri ;*

mu us-sa Si-mu-	l'année qui suit celle où *Si-*
ru-um-ki Lu-lu-bu-	*mu-ru-um* et *Lu-lu-bu*
ki a-du 10 lal 1 kam ba-	pour la 9ᵉ fois ont été ra-
ḫúl.	vagés.

(D. 55)

14

ENVELOPPE

60 10 1 še-gur-lugal	71 *gur* d'orge, mesure royale,
60 5 × 10 lal 3 × 10 zid	110 *gur* moins 30 *qa* de farine
še-gur	d'orge ;
dub Ra-a-[dub-nu-ra	compte de *Ra-a-dub-nu-*
	ra (?),
lù nig-ku-ba-ge-ne	l'homme des *x* ' ;
5. *ki-Arad-ta*	des mains d'*Arad*,
Lù-ka-ni šu-ba-ti	*Lù-ka-ni* en a pris livraison.
R. *itu še-kàr-gál-la*	Mois *še-kàr-gál-la*
mu us-sa An-ša-an-ki	l'année qui suit celle où *An-*
ba-ḫúl.	*ša-an* a été ravagé.

(D. 45)

SCEAU	SCEAU
Lù-ka-ni	*Lù-ka-ni*
dub-sar	scribe
dumu Da-du [	fils de *Da-du* [

TABLETTE

60 10 1 še-gur-	71 *gur* d'orge,
lugal	mesure royale ;
60 5 × 10 lal 30 zid še-	110 *gur* moins 30 *qa* de farine
gur	d'orge ;
5. *dub Ra-a-dub-nu-ra*	compte de *Ra-a-dub-nu-*
	ra (?),
lù nig-ku-ba-ge-ne	l'homme des *x* ;

---

1. Voir LEGRAIN : *Le Temps des Rois d'Ur*, p. 27, note 4 ; p. 29 ; p. 31.

R. *dub Ganam[1]-ba*   compte de *Ganam-ba ;*
ki-Arad-ta   des mains d'*Arad,*
10. *Lù-ka-ni*   *Lù-ka-ni*
šu-ba-ti   en a pris livraison,
itu še-kàr-ra-gál-la   mois *Še-kàr-ra-gál-la,*
mu us-sa An-ša-   l'année qui suit celle où *An-*
an-ki ba-ḫúl.   *ša-an* a été ravagé.

(D. 45)

15

2 5×10 gur-lugal   2 *gur*, 50 *qa* (d'orge), mesure
     royale ;

1 2×60 3×10 še-gur   1 *gur*, 150 *qa* d'orge ;
sá-dú(g) Dingir-Šara   offrande régulière à *Šara ;*
ki-Arad-ta   des mains d'*Arad,*
5. *Šes-kal-la šu-ba-ti*   *Šes-kal-la* en a pris livraison ;
itu dirig še-kin-kud   mois *Še-kin-kud* supplémen-
     taire,

R. *mu us-sa a-du 3 kam*   l'année qui suit celle où pour
Si-mu-ru-um-ki ba-ḫúl.   la 3ᵉ fois *Si-mu-ru-um* a été
     ravagé.

(D. 43)

SCEAU   SCEAU

Šes-kal-la   *Šes-kal-la*
dub-sar   scribe,
dumu Du(g)-ga.   fils de *Du(g)-ga.*

16

ENVELOPPE

] *zabar-ta*   ] à la mesure de bronze
itu] še-sag-kud   mois] *Še-sag-kud*
síg]-giš-i-šub-ba[-gál-la   et *Sig-giš-i-šub-ba-gál-la*

---

1. Le signe est presque identique à *ganam.*

] *sal-me-gal-ta*	venant de l'*É-sal-me-gal ;*
5. *ki-Arad-ta mu Lugal-*	des mains d'*Arad*, au nom de
pa-è šu dub Dingir [*ku(?)*	*Lugal-pa-è*, le cachet de *D.-*
ni-gál.	[*Ku (?)*, a été apposé.

TABLETTE

3 še-gur	3 *gur* d'orge, à la
zabar-ta	mesure de bronze ;
sá-dú(g) itu še-sag-kud	offrande régulière du mois
	Še-sag-kud
ù sig-giš-ï-šub-gál-a	et du mois *Sig-giš-i-šub-*
	gál-a ;
5. *é-sal-me-gal-ta*	venant de l'*É-sal-me-gal*
ki-Arad-ta	des mains d'*Arad*,
R. *Lugal-pa-è*	*Lugal-pa-è*
šu-ba-ti	en a pris livraison.
itu dirig	Mois supplémentaire,
10. *mu a-du 3 kam*	année où pour la 3ᵉ fois
Si-mu-ru-um-ki	*Si-mu-ru-um* a été ravagé.
ba-ḫúl.	

(D. 42)

17

ENVELOPPE

] *lugal*	] royale
] *gi*	] *gi*
R. *A-lul-lul*	*A-lul-lul*
šu-ba-ti	en a pris livraison.
itu še-sag-kud	Mois *Še-sag-kud*,
mu us-sa Si-mu-	l'année qui suit celle où
5. *ru-um-ki a-du 3 kam*	*Si-mu-ru-um*, pour la 3ᵉ
[	fois [

(D. 43)

TABLETTE

4 × 10 [	40 [
[*lugal*	] royale
sá-dú(g) Dun [	offrande régulière à *Dun*[
é-šu-tùm-ta	venant de l'*É-šu-tùm* ;
ki-Arad-ta	des mains d'*Arad*.

SCEAU   SCEAU

[ ]	[ ]
dumu Lugal [	fils de *Lugal* [

18

3 × 60 8 še-gur	188 *gur* d'orge,
60 qa ta	à 60 *qa* chacun,
Nam-ḫa-ni	pour *Nam-ḫa-ni*
utul	vacher,
5. *ki-Ur-absu-su-ta*	de la part d'*Ur-apsu-su*.
2 × 60 10 4 gur 60 qa	134 *gur* à 60 *qa*
ta	chacun,
R. *ki-Ur-nigin-gar-*	de la part d'*Ur-nigin-gar*
ta	
10. *Ur-dingir-nun-gal*	à *Ur-d.-nun-gal*,
sib úz-da.	chevrier.

19

2 × 60 qa a-tir[1]	120 *qa* de .....
2 × 60 qa zid dub-dub	120 *qa* de farine fine

---

1. *a-tir*, sorte de farine. Cf. *ZA.*, XXII, 37 ; *CT.*, III, 44, III, IV. REISNER, *Tempelurkunden*, 96, VI, VII ; THUREAU-DANGIN, *Recueil de Tablettes chaldéennes*, 307, II, 311 ; dans SCHEIL, *Culte de Gudéa, Recueil de Travaux*, t. XVIII, p. 65, 68 ; F. HROZNÝ, dans *das Getreide im alten Babylonien*, Wien, 1914, traduit par Anfeuchtungsmehl, p. 196. Dans LEGRAIN *(Temps des rois d'Ur)*, à la tablette 4, est une céréale *ú-tir*.

šu-nir giš-ku kas-ku   pour l'emblème-arme, élevé
   gin-na   sur la route (?)
5. *gir Ka-azag-gi*   fonctionnaire : *Ka-azag-gi,*
   gir-nita   gouverneur.
R. *ki-D.-Šara-kam-ta*   De la part de *D.-Šara-kam;*
   dub Lugal-nir   compte de *Lugal-nir..*
   itu še-ḫar-a-gál-la   Mois *Še-ḫar-a-gál-la;*
10. *mu us-sa má*   l'année qui suit celle où le ba-
   dingir-Ea ba-ab-[dim.   teau d'*Ea* a été fabriqué.

(G.S. 3)

22

4×60 3×10 še lugal   270 *qa* d'orge royale,
é-ḫar-ta   venant du moulin,
1 2×60 3×10 ZIZ é-šu-   1 *gur*, 150 *qa* d'amidonnier,
   tùm-ta   venant de l'*É-šu-tùm,*
ki-Arad-ta   des mains d'*Arad;*
5. *mu Ur-dingir-Sin-šu*   au nom d'*Ur-d.-Sin,*
R. *dub Ur-dingir-Ma-mi*   le cachet d'*Ur-d.-Ma-mi*
   ni-gál   a été apposé.
itu dirig mu Ki-   Mois *dirig;* année où *Ki-*
maš-ki ba-ḫúl.   *maš* a été ravagé.

(D. 56)

23

3 še-gur-lugal   3 *gur* d'orge, mesure royale,
Ur-dingir-Dun-gir   à *Ur-d.-Dun-gir;*
3 lù igi-gar[1]   3 au contrôleur;
3 Á-zi-da   3 à *Á-zi-da;*
5. *3 Ur-é-gal*   3 à *Ur-é-gal;*
3 Ga-ti-e   3 à *Ga-ti-e;*
3 Ur-dingir-a-du(g)   3 à *Ur-d.-a-du(g);*
2 2×60 Lugal-esen   2 *gur*, 120 *qa* à *Lugal-esen;*

---

1. Peut-être *lù šig.*

6 2 × 10 3 še-gur	6 *gur*, 23 *qa* d'orge,
10. R. *še-ba zag-mu*	ration du commencement de l'année ;
dub 1 a	pour le 1ᵉʳ compte ;
pa Dingir-Šara-kam	chef : *D.-Šara-kam.*
mu dingir Bur-Sin lu-gal.	L'année de *Bur-Sin*, roi.
	(B.S. 1)

Sceau	Sceau
Dingir-Šara-kam	*D.-Šara-kam*
dumu Na-sa-a.	fils de *Na-sa-a.*

25

60 še Dingir-Dun-gi-taš-šu-ru-úk	60 *qa* d'orge à *D.-Dun-gi-taš-šu-ru-úk;*
3 × 60 Ma-ad-lu	180 *qa* à *Ma-ad-lu;*
60 Ni-a-ni-ba-ni	60 *qa* à *Ni-a-ni-ba-ni;*
5. *ki-Dingir-Dun-gi-ka-lama-(ma) me-te-bi*	de la part de *D.-Dungi-ka-lama-me-te-bi.*
R. *itu šeš-da-kú.*	Mois *Šeš-da-kú.*

Sceau	Sceau
Ur-dingir-Šara	*Ur-d.-Šara,*
dub-sar	scribe,
dumu lù ou *lugal* [	fils de *lù* ou *lugal* [
nu [ ] *d.-Šara (?)*	*nu* [ ] *d.-Šara (?).*

26

1 še-gur-lugal	1 *gur* d'orge, mesure royale,
ša(g)-gal anšu-bar-an	nourriture du mulet (?)
dingir-Šara Ki-an-ki	du dieu *Šara*, à *Ki-an-ki;*
1 60 še-gur-lugal	1 *gur*, 60 *qa* d'orge, mesure royale,

5. *ša(g)-gal amar-amar*   nourriture des jeunes mu-
   anšu-bar-an   lets (?)
R. *é-har-ta*   provient du moulin ;
   ki-Arad-ta   .   des mains d'*Arad,*
   Ur-dingir-ra iš   *Ur-dingir-ra,* porte-épée,
   šu-ba-ti   en a pris livraison.
10. *itu dingir-Ne-gún mu*   Mois du dieu *Ne-gún;* l'année
   Ha-ar-ši-ki, Hu-mur-ti-   où *Ha-ar-ši, Hu-mur-ti* et
   ki ù Ki-maš-ki ba-húl.   *Ki-maš* ont été ravagés.

                                 (D. 58)

27

1 4 × 60 še-gur-lugal   1 *gur,* 240 *qa* d'orge, mesure
                         royale,

ša(g)-gal udu-še   nourriture des moutons à en-
                         graisser ;

é (?)-ku-dib (?)-ta   vient de l'*É-ku-dib (?);*
ki-Arad-ta   des mains d'*Arad,*
5. *Ka-dingir-Šara*   *Ka-d.-Šara*
R. *šu-ba-ti*   en a pris livraison.
   itu ab² mu é-   Mois *Ab²,* l'année où l'*É-*
   bá-ša dingir Da-   *bá-ša* du dieu *Da-*
   gán ba-dù.   *gán* a été fait.

                                 (D. 49)

     Sceau   Sceau

Ka-dingir-Šara   *Ka-d.-Šara,*
dumu Ur-dingir-(ra)   fils de *Ur-dingir-(ra),*
ab Dingir-Šara.   ancien du dieu *Šara.*

28

30 še-ba lugal   30 *qa,* ration d'orge, don
                         royal

      ù   et
10 še-ba tah-hu   10 *qa,* ration d'orge, revenu
                         courant

Ì-li-mu[1]	à *Ì-li-mu*
5. *dumu Lù-ša-lim*	fils de *Lù-ša-lim* ;
pa Ur-gin-na	chef : *Ur-gin-na* ;
R. *itu še-sag-kud-ta*	mois *Še-sag-kud* ;
mu us-sa Ki-maš-ki ba-ḫúl	l'année qui suit celle où *Ki-maš* a été ravagé ;
mu us-sa-a-bi.	l'année qui suit celle-là.

(D. 58)

Sceau	Sceau
Dingir-Dun-gi	à *D.-Dungi*,
uš-dan-ga	héros fort,
Lugal Uri-ki-ma	roi d'*Ur*,
lugal an ub-da tab-tab-ba	roi des régions des quatre
Ur[ne-gún	*Ur-ne-gún*,
pa[te-si	patési
giš [uḫ-ki	d'*Umma*,
arad [zu.	ton serviteur.

30

1 3×60 še-gur-lugal	1 *gur*, 180 *qa* d'orge, mesure royale,
Lù-ib-gal dumu Lù-dingir-Sin	à *Lù-ib-gal*, fils de *Lù-d.-Sin* ;
4×60 3×10 Da-da dub-sar	270 *qa* à *Da-da*, scribe ;
3 Ur-dingir-Sin šu-ḫa	3 *gur* à *Ur-d.-Sin*, pêcheur ;
5. *4 1×60 Šá-ú 1 dub-sar*	4 *gur*, 60 *qa* à *Šá-ú*, 1er scribe ;
1 3×60 3×10 Lugal-gar-si-e dumu	1 *gur*, 210 *qa* à *Lugal-gar-si-e*, fils de
Lugal má-u[2]*-ri*	*Lugal-má-u-ri* ;

1. En raison du nom paternel on peut adopter la lecture *Ì-li-ia*.

2. Il s'agit du signe *tu*, *gúr* n° 201 d'Amiaud ; nous lui donnons ici la valeur *u* à cause du nom de ville : *Ma-u-ri*.

4 4×60 2×10 Lù-du(g)-   4 *gur*, 260 *qa* à *Lù-du(g)-*
ga dumu   *ga*, fils de
Nigin-gar-ki-du(g)   *Nigin-gar-ki-du(g)* ;
10. *5 4×60 5×10 A-kal-la*   5 *gur*, 290 *qa* à *A-kal-la*,
   nu-banda   officier ;
   1×60 Ad-da-mu dub-   60 *qa* à *Ad-da-mu*, scribe ;
   sar
   a-ša(g) Dingir-Šara   champ du dieu *Šara* ;
R. *5 4×60 gur a-du 1 kam*   5 *gur*, 240 *qa* pour la 1ʳᵉ fois,
   10 3 gur a-du 2 kam   13 *gur* pour la 2ᵉ fois,
15. *Arad ka-gùr*   à *Arad*, chef des greniers ;
   3 gur Ur-dingir-Sin   3 *gur* à *Ur-d.-Sin*, pêcheur ;
   šu-ḫa
   2 4×60 3×10 Ur-dub   2 *gur*, 270 *qa* à *Ur-dub*,
   dumu Dingir-Ku   fils de *D.-Ku* ;
   5×10 gur Lù-gi-na   50 *gur* d'orge à *Lù-gi-na* ;
20. *a-ša(g) lal-maḫ*   champ *Lal-maḫ*.
   šunigin 60 3×10 7 4×   Total : 97 *gur*, 40 *qa* d'orge,
   10 še-gur-lugal   mesure royale,
   apin-lal da-ba-a   à répartir pour la culture ;
   ki-su gu-la a-ša(g) lal-   grande réserve (?) du champ
   maḫ   *Lal-maḫ* ;
   mu us-sa Ur-bil-lum-   l'année qui suit celle où
   ki ba-ḫùl.   *Ur-bil-lum* a été ravagé.

                                        (D. 56)

31

2 lal 2×60 še-gur   2 *gur* moins 120 *qa* d'orge,
a-du 1 kam   pour la 1ʳᵉ fois ;
2 gur   2 *gur*,
a-du 2 kam   pour la 2ᵉ fois,
5. *Ur-nigin-gar*   à *Ur-nigin-gar* ;
   5 gur   5 *gur*
   Ur-šá(g)   à *Ur-šá(g)* ;
   4 lal 2×60 gur   4 *gur* moins 120 *qa*
   Ur-dingir-Giš-bil   à *Ur-d.-Giš-bil* ;

10. *2 3×60 gur Ì-li*   2 *gur*, 180 *qa* à *Ì-li;*
     2×60 2×10 4 qa   144 *qa*
     Nin-ùr-ra-ni   à *Nin-ùr-ra-ni;*
     3×60 3×10 6 qa   216 *qa*
     Dagal-kal-la   à *Dagal-kal-la;*
15. R. *2 gur Má-u-ri*[1]   2 *gur* à *Má-u-ri;*
     1 gur Nam-ha-ni   1 *gur* à *Nam-ha-ni;*
     1 gur Ba-da-da   1 *gur* à *Ba-da-da;*
     1 gur dumu É-ki   1 *gur* à l'homme de l'*É-ki;*
     2 gur Dub-sa   2 *gur* à *Dub-sa;*
20. *3×60 3×10 6 qa*   216 *qa*
     dumu har-bu-bu   à l'homme de la meunerie (?)
     4×60 Ur-ab-zu[2]   240 *qa* à *Ur-ab-zu;*
     2×60 2×10 4 Gú-gù   144 *qa* à *Gú-gù;*
     60 5×10 Nin-da-da   110 *qa* à *Nin-da-da;*
25. *5×10 Nin-u lù-pad.*   50 *qa* à *Nin-u,* conjureur.

34

     3 še-gur-lugal   3 *gur* d'orge, mesure royale,
     Á-ki-na   à *Á-ki-na;*
     1 Lugal-má-u-ri   1 *gur* à *Lugal-má-u-ri;*
     2 Lugal-é-mah-e   2 *gur* à *Lugal-é-mah-e;*
5.   *3×60 Lù-d.-Nin-šubur*[3]   180 *qa* à *Lù-d.-Nin-šubur;*
     3×60 Ur-ú-GÚG[4]   180 *qa* à *Ur-ú-GÚG;*
     3×60 Ú-li   180 *qa* à *Ú-li;*
     3×60 Ur-dingir-Iškur   180 *qa* à *Ur-d.-Iškur;*
     2×60 Igi-Dingir-šu   120 *qa* à *Igi-Dingir-šu;*
10. *2×60 Lugal-ur-ka-ku*   120 *qa* à *Lugal-ur-ka-ku;*
R.   *2×60 D.-Šara mu-túm*   120 *qa* à *D.-Šara;* apport
     arâ[5] *é-mah*   mouture de l'*É-mah.*
     4×60 Al-lu   240 *qa* à *Al-lu;*

1. Voir note 2 du 30.
2. Lecture possible : *Ur-ab-ba.*
3. LEGRAIN. *Le temps des Rois d'Ur,* pl. LVI.
4. LEGRAIN. *Id.,* pl. LIII.
5. Br. 8586.

2 × 60 Lù-dingir-Nin-ŭr-ra	120 *qa* à *Lù-d.-Nin-ŭr-ra,*
15. *arà sá-dú(g) šu (?)*	mouture en offrande régulière.
še-ba zag-mu é-har-ta ˙	Ration du commencement de l'année, venant du moulin :
itu pap-ú-e mu ki ba-ḫúl.	année où *Ki(maš)* a été ravagé. (D. 56)

39

2 4 × 60 še-gur-lugal	2 *gur*, 240 *qa* d'orge, mesure royale,
60 ZIZ	60 *qa* d'amidonnier,
sá-dú(g) anšu-uš	ration régulière des baudets ;
é-har-ta	vient du moulin ;
5. *ki-Íl (?)-x-ta*	de la part de *Íl (?)-x,*
R. *dub Lugal [*	compte de *Lugal [*
itu šíg-giš-ì [	mois [*Šíg-giš-ì-šub-gál-la,*
mu us-sa a-du 3 kam	l'année qui suit celle où pour
Si-mu-ru-um-ki ba-ḫúl.	la 3ᵉ fois, *Si-mu-ru-um* a été ravagé.
	(D. 43)

41

· *2 × 60 6 qa še Ba-ba-a*	126 *qa* d'orge à *Ba-ba-a*
]-ma dim	*]-ma dim*
] nimgir di ne	*] nimgir di ne*
3 × 60 Ḫa-ḫa-du	180 *qa* à *Ḫa-ḫa-du*
5. *7 gur Da-ti dumu*	7 *gur* à *Da-ti*, fils de
Lugal-šig ·	*Lugal-šig ;*
2 gur A-ha-ma-ti-lù'	2 *gur* à *A-ha-ma-ti-lù,*
lù-maḫ	bourgmestre,
é-še-ka + x-ka-il (?)	à l'*É-še-ka + x-ka-il (?) ;*

---

1. On peut entendre : *A-ha-ma-ti,* homme du bourgmestre.

10. R. *3 Innana me*   3 *gur* à *Innana*, prêtre ;
     dub Á-nin-mà-ta   compte d'*Á-nin-mà-ta*.
     3 gur A-ha-ma-ti-lù   3 *gur* à *A-ha-ma-ti-lù*,
     lù-mah   bourgmestre ;
     dub A-du-mu dub-sar   compte d'*A-du-mu*, scribe.
15. *šunigin* [   ] *5 qa še-*   Total : [   ] *gur*, 5 *qa* d'orge,
     gur-lugal   mesure royale,
     še har-ra mu-túm   apport du moulin ;
     gìr Lugal-gar-si-[e   fonctionnaire : *Lugal-gar-si-e*.

     mu us-sa Si-[mu-ru-   L'année qui suit celle où *Si-mu-ru-um, Lu-lu-bu,*
     um-ki Lu-lu-bu-ki
     a-du 10 lal 1 kam ba-   pour la 9e fois ont été ravagés.
     húl.

(D. 55)

43

7 še-gur-lugal   7 *gur* d'orge, mesure royale,
še-bi Ud-sar-ginar-ra   cette orge est pour *Ud-sar-ginar* ;

2 še-gur še-bi nig-dirig   2 *gur* d'orge ; cette orge est supplémentaire ;

nig-gù-de Du-ú-du-ka   ordre de *Du-ú-du* ;
5. *Gú-edin-na-ta*   provient du *Gú-edin* ;
     ki-Arad-ta   des mains d'*Arad*,
     Ur-dub šu-ba-ti   *Ur-dub* en a pris livraison.
R. *itu dingir-Ne-gún*   Mois du dieu *Ne-gún*,
     mu us-sa é-bá-ša   l'année qui suit celle où l'*É-bá-ša*
         de *Da-gan* a été construit ;
10. *Da-gan ba-dù*
     mu us-sa-a-bi.   l'année qui suit celle-là.

(D. 51)

Sceau   Sceau

Ur-dub   *Ur-dub*
dumu Ur-[fils de *Ur-[*
lù ...[homme de [

46

80×60 *še-gur-lugal*	480 *gur* d'orge, mesure royale;
má-a si(g)-ga	chargement de bateau
Nibru-ki šu	à destination de *Nippur;*
gūr id Lugal-ka-	provient du grenier du canal
ta	royal;
5. *ki-Lugal-azag-zu-ta*	de la part de *Lugal-azag-zu;*
še gun-na pa-al-e-ne	cette orge est la redevance des Voyants.
R. *dub Lugal-lal+lal-dúr-ra*	Compte de *Lugal lal+lal-dúr-ra.*
itu dingir-ne[-gún]	Mois du Dieu *Ne-gún;*
mu us-sa Ki-maš-ki	l'année qui suit celle où *Ki-maš* a été ravagé.
10. *ba-ḫúl.*	

(D. 56)

47

9 *še-gur-lugal*	9 *gur* d'orge, mesure royale;
sá-dú(g) Dingir-Šara	offrande régulière à *Šara;*
é-šu-tùm ta	vient de l'*É-šu-tum;*
ki-Arad-ta	des mains d'*Arad;*
5. *A-an-na-mu*	*A-an-na-mu*
R. *šu-šu-ti* (sic)	en a pris livraison;
itu ri-ta	depuis le mois de *Ri,*
itu é-itu-àš-šu	jusqu'au mois *É-itu-àš;*
mu us-sa gu-	l'année qui suit celle où le
10. *za dingir-En-lil-lá ba-*	trône du dieu *En-lil* a été
dím.	fabriqué.

(B.S. 4)

48

60×10 60×2 10×4 6	766 *gur*, 10 *qa*[1]
10	
še-gur-lugal	d'orge, mesure royale ;
dub Da-da-a	compte de *Da-da-a* ;
ki-Ur-dingir-Ne-gún-	de la part d'*Ur-d.-Ne-gún.*
5. *ta*	
Giš-ku-nig-ni	*Giš-ku-nig-ni*
R. *ba-an-il*	l'a enlevé.
mu us-sa en	L'année qui suit celle où le prêtre
Erida-ki ba-šu-gà.	d'*Eridu* a été installé.
	(B.S. 9)

50

60×10 4×60 10 5 qa	600 *gur*, 255 *qa*
] kal (?) [	] [
7×60 40 4×60 še-bad	460 *gur*, 240 *qa* d'orge an-
-gur	cienne,
Gú-edin-na-ta	provenant du *Gú-edin* ;
5. *Du-du-ta-ka*	sur l'ordre de *Du-du,*
Gú-a-ka šu-ba-ti	*Gú-a-ka* en a pris livraison.
60×10 9×60 20 1	1161 *gur*, 120 *qa* d'orge an-
2×60 še bad gur	cienne
. . . .	. . . .
é-a-an-ta-ta (?)	provenant de l'*É-an-ta* ;
R. *má-a si(g)-ga*	chargement de bateau
10. *Nibru-ki šu*	à destination de *Nippur* ;
Gú-edin-na ù	provenant du *Gú-edin* et
Muš-bi-an-na'-ta	du *Muš-bi-an-na* ;

1. Plus vraisemblablement 70 *gur* 166 1/2 *qa*

2. *Muš-bi-an-na* nous est déjà connu comme lieu de fertilité à proximité d'Umma ; cf. P. SCHEIL, *De l'Exploitation des dattiers dans l'ancienne Babylonie, Revue d'Assyriologie*, t. X, 1913, nº I-II.

gir A-tu   fonctionnaires : A-tu
ù Ur-dingir-Babbar   et Ur-d.-Babbar,
15. itu še-kar-ra-gál-la   mois Še-kar-ra-gál-la
ù itu ab'   et mois Ab';
mu ussa Ki-maš-ki   l'année qui suit celle de Ki-
                               maš;   ·

mu us-sa-a-bi.   l'année d'après.

                                             (D. 58)

57

2×10 7 še-gur   27 gur d'orge,
sá-dú(g) a(?)-si(g)-giš-   offrande d'A (?)-si(g)-giš,
ki
a-ša(g) ka-ma-zu-ki'-   venant du champ Ka-ma-
        ta   zu;
5. ki-Arad-ta   des mains d'Arad,
Ur-dingir-Iškur   Ur-d.-Iškur
R. šu-ba-ti   en a pris livraison.
itu ri-ta   Du mois de Ri
itu še-sag-kud-šu   au mois Še-sag-kud;
10. itu bi [9]-àm   celà fait [9] mois.
mu us-sa a-du 3   L'année qui suit celle où pour
kam Si-mu-ru-um-ki   la 3e fois Si-mu-ru-um a été
ba-húl.   ravagé.

                                             (D. 43)

59

1 3×10 še-gur-lugal   1 gur, 30 qa d'orge, mesure
                               royale,

ša(g)-gal anšu-bar-an   nourriture du mulet (?);
é-har-ta   vient du moulin;
ki-Arad-ta   des mains d'Arad;
5. dub Lù-dingir-Nin-šu-   compte de Lù-d.-Nin-šubur,
bur iš   porte-épée.

1. Lecture possible : Inim-ma-zu.

R. *itu é-itu-àš* Mois *É-itu-àš;*
mu us-sa Si-mu-ru- l'année qui suit celle où
um-ki Lu-lu-bu-ki *Si-mu-ru-um, Lu-lu-bu,*
10. *a-du 10 lal 1 kam ba-* pour la 9ᵉ fois ont été
ḫúl. ravagés.

(D. 55)

SCEAU   SCEAU

Lù-dingir-Nin-šubur *Lù-d.-Nin-šubur,*
      iš porte-épée,
arad dingir-Šara (?) serviteur du dieu *Šara.*

67

4×10 2 še-gur- 42 *gur* d'orge, mesure
      lugal royale;
še giš-nu-rá-a[1] orge non mondé;
ki-Arad des mains d'*Arad;*
5. *é-inim-ma-dingir* à l'*É-inim-ma-dingir,*
R. *si(g)-ga.* a été versé.

68

60 še-ba Ur-dingir-Ma- 60 *qa*, ration d'orge d'*Ur-*
   mi *d.-ma-mi;*
60 Ur-nigin-gar 60 pour *Ur-nigin-gar,*
60 A-gu-gu 60 pour *A-gu-gu,*
uku-uš pa-te-si-ka-me délégués du patési;
5. *a-ša(g) lal-maḫ-ta* provenant du champ *Lal-*
   maḫ.

R. *itu é-itu-àš* Mois *É-itu-àš;*
mu dingir-Bur-dingir- l'année de *Bur-Sin,*
   Sin lugal. roi.

(B.S. 1)

---

1. Cf. *še-giš rá-a, Délég.*, t. XIV, p. 76, n° 17.

69

2×60 še-ba lugal	120 *qa*, ration d'orge, mesure royale,
Gir-ra-ba-ni	pour *Gir-ra-ba-ni*;
2×60 lù-igi-gar	120 *qa* pour le contrôleur;
2×60 Lugal-esen	120 *qa* pour *Lugal-esen*,
5. *60 Lù-dingir-Nin-šubur har-har (ará)*	60 *qa* pour *Lù-d.-Nin-šubur*, meuniers.
60 Igi-dingir-Šara-túg-ka-ku(?)	60 *qa* pour *Igi-d.-Šara-túg-ka-ku(?)*
R. *3×60 Ur-dingir-gestin-an-ka*	180 *qa* pour *Ur-d.-gestin-an-ka*;
10. *2×60 Lugal-me-a pa*	120 *qa* pour *Lugal-me-a*, contremaître;
2×60 Ur-dingir-Iškur pa	120 *qa* pour *Ur-d.-Iškur*, contremaître;
a-ša(g) Lal-maḫ-ta	provenant du champ *Lal-maḫ*;
lù-aš-aš-me itu diri(g)	ces hommes comptés ensemble[1]. Mois *dirig*;
mu Ki-maš-ki ba-ḫúl.	l'année où *Kimaš* a été ravagé.

(D. 56)

72

15 3×60 ka-lum gur	15 *gur*, 180 *qa* de dattes
2 30 giš ma' in gu	*x*
1 ma... gú ru 1 x qa ta	... à raison de *x qa* par [
5. *50 giš ad-kid*	50 *gur* de « bois du calfat » (?)

---

1. *Mithariš*. D'autre part les *lù-aš-aš-me* sont une classe de gens indépendants, dans REISNER, *Tempelurkunden*, n° 111, col. XII, 23, etc.; BRUNNOW, n° 82, lit *aššib*.

2×10 5 qa še-giš ḫa-   25 *qa* de graines de carou-
    lu-ub   bier (?)
Dul-azag-šu   pour *Dul-azag;*
R. *ki-Arad-ḫu-ṣi-ta* des mains d'*Arad-ḫu-ṣi,*
Ḫa-lul-lul   *Ḫa-lul-lul*
šu-ba-ti   en a pris livraison;
mu us-sa Ša-aš-[ru-um- l'année qui suit celle où *Šašru*
    ki ba-ḫúl.   a été ravagé.

                                 (B.S. 6)

      Sceau   Sceau
Ḫa-lul-lul   *Ḫa-lul-lul,*
dub-sar   scribe,
dumu Du(g)-ga.   fils de *Du(g)-ga.*

75

1 še-gur-lugal   1 *gur* d'orge, mesure royale,
še-ba zag-mu   ration du commencement de
                        l'année;
é-ḫar-ta   vient du moulin;
Dú(g)-ga-ni-   *Dú(g)-ga-ni-tir*
5.   *tir*
R. *šu-ba-ṭi*   en a pris livraison.
itu min-ab   Mois de *Min-ab;*
mu us-sa   l'année qui suit celle où
Ur-bil-lum-ki   *Ur-bil-lum* a été
10. *ba-ḫúl.*   ravagé.

                                 (D. 56)

76

8 3×60 še-gur   8 *gur*, 180 *qa* d'orge,
60 10 ZIZ   70 *qa* d'amidonnier,
é-ta Šu-su-ba   de la demeure de *Šu-su-ba*[1];

---

1. *Šu-su-ba*, peut être *mélangé;* cf. Brunnow, 7074 et suiv. : *esêpu, ma-šâšu ??*

gir Ur-é-maš	fonctionnaire : *Ur-é-maš ;*
5. *7 10 gur ki-su-ta*	7 *gur*, 10 *qa* de la réserve (?),
gir Gu-ú-gu-a	fonctionnaire : *Gu-ú-gu-a*,
Lugal-ab¹-e	à *Lugal-ab¹-e ;*
R. *8 gur ki-su-ta*	8 *gur*, de la réserve
Er-dingir	d'*Er-dingir ;*
10. *še-nam-túm*	orge apportée
ki-su a-ša(g) giš-ma-nu	pour la réserve du champ *x ;*
gir Gu-ú-gu-a	surveillant : *Gu-ú-gu-a ;*
itu ab¹	mois *Ab¹.*
m uus-sa dingir-Gimil-	L'année qui suit celle où *Gi-*
dingir-Sin	*mil-Sin,*
15. *lugal-e bád mar-*	roi, a construit *Dúr-Mar-*
tu mu-dū mu us-	*tu ;* l'année qui suit celle-
sa-a-bi.	là.

(G.S. 6)

86

2 še-gur-lugal	2 *gur* d'orge, mesure royale,
á lù šú-gà íd	salaire des journaliers qui
ba-al-la	creusent le canal ;
šu-Zu-gà-ra-ta	par l'entremise de *Zu-gà-ra ;*
5. *ki-Arad-ta*	des mains d'*Arad*,
Lù-ni-zu šu-ba-	*Lù-ni-zu* en a pris livrai-
ti	son.
R. *itu pap-ú-e mu-é-bá-*	Mois *Pap-e-ú ;* l'année
ša Da-gan ba-dū.	où l'*É-bá-ša* de *Da-gan*
	a été fait.

(D. 49)

Sceau	Sceau
Ur-ám-ma	*Ur-ám-ma,*
me dingir Nin-da Šir-	prêtre de la déesse *Nin-da*
pur-la	de *Širpurla,*
dumu [	fils de [

88

10 gig-gur-	10 *gur* de froment, mesure
lugal	royale,
gur zabar-ta	à la mesure de bronze,
ša(g) Umma-ki	dans *Umma*,
5. *ki-Ur-dingir-Ne-gún-ta*	des mains d'*Ur-d.-Ne-gún*.
10 3 2×60 gur	13 *gur*, 120 *qa*,
ša(g) Nibru-ki	dans *Nippur*,
ki-Arad	des mains d'*Arad*.
R. *dub Ganam'-ba*	Compte de *Ganam-ba*
10. *și-na-a*	*Și-na-a*. (?)
gab-ri ša(g) dub-ba	Copie du dedans de la tablette.
itu dingir-Dumu-zi	Mois de *D.-Dumu-zi*;
mu a-du 2 kam Gan-	l'année où pour la 2ᵉ fois,
ḫar-ki ba-ḫúl.	*Gan-har* a été ravagé.

(D. 41)

89

2×60 še-gur	120 *gur* d'orge,
má Ba-šá(g)	bateau de *Ba-šá(g)*;
2×60 gur má Lù-bal igi-	120 *gur*, bateau de *Lù-bal*,
gar	contrôleur;
2×60 gur má Dingir-	120 *gur*, bateau de *Dingir-*
Šara-za-me	*Šara-za-me*;
5. *60 3×10 gur má Ur-d.-*	90 *gur*, bateau d'*Ur-d.-Da-*
da-mu	*mu*;
2×60 gur má Dingir-	120 *gur*, bateau de *D.-Šara-*
Šara-a-mu	*a-mu*;
60 gur má A-kal-[la	60 *gur*, bateau d'*A-kal-la*;
60 5×10 gur má Arad-	110 *gur*, bateau d'*Arad-mu*;
mu	

---

1. Même signe qu'au nᵒ 14.

2×10 6 2×60 gur má 26 *gur*, 120 *qa*, bateau de
 Ka-ma-ni   *Ka-ma-ni ;*
10. *gĭr Arad-mu dumu Lu-* fonctionnaire : *Arad-mu,* fils
 gal-gab   de *Lugal-gab.*
R. *šunigin 60×10 60×2* Total : 766 *gur*, 120 *qa ;*
 10×4 6 2×60 gur
 gur še má-a si(g)-ga-ta ces *gur* d'orge provenant de
  chargements de bateaux,

 má-a si(g)-ga Umma- font le chargement d'un ba-
 ki šu   teau pour *Umma ;*
 ki-[su] usar a-ša(g) Lal- de la réserve du champ *Lal-*
 maḫ-   *maḫ ;*

15.   *ta*
 gĭr A-kal-[la fonctionnaire : *A-kal-la.*
 iṭu ab[2] Mois *Ab*[2] *;*
 mu en-maḫ-gal an-na l'année où le grand pontife
  ba-šú.   céleste a été installé.

        (B.S. 4)

93

3×10 še-bad gur-lugal 30 *gur* d'orge ancienne, mesure royale,

gūr-ta viennent du grenier ;
10 60 še-gur gu' šig 10 *gur*, 60 *qa* d'orge, en farine (?) de bonne qualité,

10 2 60 ZIZ-gur 12 *gur*, 60 *qa* d'amidonnier,
5. *8 3×60 gig-gur* 8 *gur*, 180 *qa* de froment ;
 má-a si(g)-ga Nibru-ki chargement de bateau pour
  Nippur ;

R. *Ki-an-ki-ta* vient de *Ki-an-ki ;*
 ki-Arad-ta des mains d'*Arad,*
 Ur-dingir-Ma-mi *Ur-d.-Ma-mi,*
10. *nu-giš-šar* jardinier
 ù Ur-ám-ma má- et *Ur-ám-ma,*

---

1. Cf. HROZNÝ, *Das Getreide im alten Babylonien,* pp. 112 et suiv.

láḫ pa-te-si	matelot du patési
	(sous entendu : ont pris li-vraison).
itu še-kàr-ra-gal	Mois *Še-kàr-ra-gal*,
mu Lu-lu-bu ki Si-	l'année où *Lu-lu-bu*, *Si-*
15. *mu-r]u-um-ki a-du*	*mu-ru-um*, pour la
10 lal 1 ba-ḫúl.	9e fois, ont été ravagés.
	(D. 54)

ENVELOPPE

Ur-dingir-Ma-mi nu-giš [	*Ur-d.-Ma-mi*, jardi[nier
Ur-ám-ma	*Ur-ám-ma*
š]u-ba-ab-ti	en ont pris livraison,
] kàr-ra-gál-la mu	mois de] *Še-kar-ra-gál-la;* l'année où
5. *] Si-mu-ru [um*	.....] et *Si-mu-ru-um*
10 lal 1 ba-ḫúl.	pour la 9e fois ont été ravagés.
	(D. 54)

94

1 2×60 30 še-gur-lugal	1 *gur*, 150 *qa* d'orge, mesure royale,
sá-dú(g) dingir-Dun-gi-ra	offrande régulière au divin *Dun-gi;*
5. *é Ur-šig-ga*	de chez *Ur-šig-ga*,
arad Ab-ba mu	serviteur d'*Ab-ba-mu*,
pa-te-si-ta	patési,
R. *A-kal-la*	*A-kal-la*
šu-ba-ti	en a pris livraison.
10. *itu é-itu-àš*	Mois *É-itu-àš;*
mu en-Erida-ki-ga ba-šu-gà.	l'année où le prêtre d'*Eridu* a été installé.
	(B.S. 8 ou D. 38)

LIVRAISONS DE BOISSON, PAIN, HUILE, SOUDE, etc. :
N°s 1, 35, 36, 56, 58, 71, 87, 95, 96, 97, 98, 99.

(12 tablettes.)

———

1

5 10 7 qa A-al-ni	*5 gur* 17 qa à *A-al-ni ;*
3 šig Dingir-Gĭr-dingir	3 *gur* (de boisson) douce à *D.-Gĭr-dingir ;*
2 šig 2 gin Lugal-Esen	2 *gur* doux, 2 fermentés à *Lugal-Esen ;*
2 šig Ur-ab-ba	2 doux à *Ur-ab-ba ;*
5. *2 šig 1 gin Ka-dingir-šu*	2 doux, 1 fermenté à *Ka-d.-šu ;*
4 šig Ḫa-la	4 doux à *Ḫa-la ;*
4 šig Ur-ašnan	4 doux à *Ur-ašnan ;*
2 šig Da-gi-mu	2 doux à *Da-gi-mu ;*
3 šig Ur-ab-ba-šig	3 doux à *Ur-ab-ba-šig ;*
10. *2 šig 2 gin Lù-kal-la*	2 doux, 2 fermentés à *Lù-kal-la ;*
2 šig Ur-a-ti(?)	2 doux à *Ur-a-ti(?) ;*
4 šig Dingir-Gú-gú-mu	4 doux à *D.-Gú-gú-mu ;*
R. *3 šig A-lul-lul*	3 doux à *A-lul-lul ;*
2 šig 3 gin Ur-é-ma	2 doux, 3 fermentés à *Ur-é-ma ;*
15. *2 šig 1 gin Lugal-má-u-ri*	2 doux, 1 fermenté à *Lugal-má-u-ri ;*
3 gin Ša(g)-ad-da	3 fermentés à *Ša(g)-ad-da ;*

3 gin Da-da-a	3 fermentés à *Da-da-a;*
2 gin Ši-muk-pap-mu	2 fermentés à *Ši-muk-pap-mu;*
3 gin Lugal-id-da	3 fermentés à *Lugal-id-da;*
20. *4 gin Lugal-ginar-ri*	4 fermentés à *Lugal-ginar-(ri);*
3 gur 3 qa gin lù sukkal	3 *gur*, 3 *qa* fermentés à l'intendant ;
3 gin Ur-dingir-Ea	3 fermentés à *Ur-d.-Ea;*
1 šig 3 gin lù simug	1 doux, 3 fermentés au forgeron ;
3 gin Ur-dub	3 fermentés à *Ur-dub;*
25. *20 Da-da-a é-mu*	20 *qa* à *Da-da-a*, de la boulangerie ;
30 Ši-dim-mu é-mu	30 à *Ši-dim-mu*, de la boulangerie ;
1 šig	1 doux
šunigin 2 3×60 kaš šig gur	Total 2 *gur* 180 *qa* de boisson douce,
šunigin 2 2×60 5×10 (pap) kaš gin gur	Total 2 *gur* 170 *qa* de boisson fermentée,
zi(g)-ga ud 3 kam.	dépense du 3e jour[1].

<h2 style="text-align:center">35</h2>

5 qa kaš šig 5 qa gar 5 gin sum	5 *qa* de boisson douce, 5 *qa* de nourriture, 5 *gin* d'oignons,
3 gin iá 2 gin elteg Nu-ur-dingir-Sin sukkal	3 *gin* d'huile, 2 *gin* de soude, pour *Nu-ur-d.-Sin*, intendant ;
5 qa kaš šig 5 qa gar 5 gin sum	5 *qa* de boisson douce, 5 *qa* de nourriture, 5 *gin* d'oignons

---

1. Il semble que cette tablette appartienne à un ensemble, les totaux indiqués par le scribe ne correspondant pas aux chiffres donnés dans le cours de la tablette.

5. *3 gin iá 2 gin elteg*	3 *gin* d'huile, 2 *gin* de soude,
Lù - dingir - Nanna(r)	pour *Lù-d.-Nanna(r)*, in-
sukkal	tendant;
5 *qa kaš* 5 *qa gar* 5 *gin*	5 *qa* de boisson, 5 *qa* de
sum 3 *gin iá* 2 *gin*	nourriture,5 *gin* d'oignons,
elteg	3 *gin* d'huile, 2 *gin* de
	soude,
Gir-ri-ib sukkal	pour *Gir-ri-ib*, intendant;
5 *qa kaš* 5 *qa gar* 5 *gin*	5 *qa* de boisson,5 *qa* de nour-
3 *gin iá* 2 *gin elteg*	riture, 5 *gin* (d'oignons),
	3 *gin* d'huile, 2 *gin* de
	soude
10. *La-gi-ib sukkal*	pour *La-gi-ib*, intendant;
5 *qa kaš* 5 *qa gar* 5 *gin*	5 *qa* de boisson,5 *qa* de nour-
3 *gin iá* 2 *gin* [	riture, 5 *gin* (d'oignons),
	3 *gin* d'huile, 2 *gin* [
Ur-é-an-na sukkal	pour *Ur-é-an-na*, intendant;
5 *qa kaš* 5 *qa gar* 5 *gin*	5 *qa* de boisson, 5 *qa* de
sum 3 *gin iá* 2 [	nourriture,5 *gin* d'oignons,
	3 *gin* d'huile, 2 [
Dingir-Arad-kal sukkal	pour *D.-Arad-kal*,intendant;
15. 5 *qa kaš* 5 *qa gar* 5 *gin*	5 *qa* de boisson, 5 *qa* de
sum 3 *gin* [2 *gin*	nourriture,5 *gin* d'oignons,
elteg	3 *gin* [ ] 2 *gin* de soude,
R. *A-a-kal-la*	pour *A-a-kal-la*;
3 *qa kaš* 2 *qa* [	3 *qa* de boisson, 2 *qa* [
3 *gin iá* [	3 *gin* d'huile, [
20. *Hu-ba-lu*	pour *Hu-ba-lu*;
3 *qa kaš* 2 *qa gar* [	3 *qa* de boisson, 2 *qa* de
	nourriture [
3 *gin iá* 2 *gin* [	3 *gin* d'huile, 2 *gin* [
Kal-i-li maškim	pour *Kal-i-li*, *maškim;*
3 *qa kaš* 2 *qa gar* 5 *gin*	3 *qa* de boisson 2 *qa* de
sum [	nourriture,5 *gin* d'oignons,
25. *3 gin iá 2 gin elteg*	3 *gin* d'huile, 2 *gin* de soude,
Šu-i-li lù maškim	pour *Šu-i-li maškim;*

3 qa kaš 2 qa gar 5 gin sum	3 *qa* de boisson, 2 *qa* de nourriture, 5 *gin* d'oignons,
3 gin iá 2 gin elteg	3 *gin* d'huile, 2 *gin* de soude,
Ur-dingir-Ninâ lù maš-kim	pour *Ur-d.-Ninâ*, *maškim*.
30. *šunigin 10 kaš šig šu-nigin 3 × 10 7 qa kaš gin*	Total 10 de boisson douce, total 37 *qa* de boisson fermentée ;
šunigin 4 × 10 3 qa gar šunigin 5/6 qa 5 gin sum	total 43 *qa* de nourriture, total 5/6 de *qa* et 5 *gin* d'oignons ;
šunigin 1/2 qa iá šuni-gin 1/3 qa 2 gin elteg	total 1/2 *qa* d'huile, total 1/3 *qa* 2 *gin* de soude ;
ud 10 8 kam itu še kar-ra-gál-la	le 18ᵉ jour, du mois de *Še-kar-ra-gál-la*
mu us-sa má dingir Ea ba-ab-dŭ.	l'année qui suit celle où le bateau d'*Ea* a été consacré.

(G.S. 3)

36

5 qa kaš šig 5 qa gar 5 gin sum	5 *qa* de boisson douce, 5 *qa* de nourriture, 5 *gin* d'oignons,
3 gin iá 2 gin elteg Hu-la-ni	3 *gin* d'huile, 2 *gin* de soude pour *Hu-la-ni*.
5 qa kaš šig 5 qa gar 4 gin sum	5 *qa* de boisson douce, 5 *qa* de nourriture, 4 *gin* d'oignons,
5. *3 gin iá 2 gin elteg Šu-šu*	3 *gin* d'huile, 2 *gin* de soude pour *Šu-šu*.
5 qa kaš šig 5 qa gar 5 gin sum	5 *qa* de boisson douce, 5 *qa* de nourriture, 5 *gin* d'oignons,
3 gin iá 2 gin elteg Ur-ba-a	3 *gin* d'huile, 2 *gin* de soude pour *Ur-ba-a*.

10. *5 qa kaš 5 qa gar 5 gin* 5 *qa* de boisson, 5 *qa* de
    sum nourriture,5 *gin* d'oignons,
  3 gin iá 2 gin elteg 3 *gin* d'huile, 2 *gin* de soude
  Na-azag pour *Na-azag.*
  5 qa kaš 5 qa gar 5 gin 5 *qa* de boisson, 5 *qa* de
  sum· nourriture,5 *gin* d'oignons,
  3 gin iá 2 gin elteg 3 *gin* d'huile, 2 *gin* de soude
15. *Dingir En-gi* pour *D.-En-gi*
  5 qa kaš šig 5 qa gar 5 *qa* de boisson douce, 5 *qa*
  5 gin sum de nourriture, 5 *gin* d'oi-
    gnons,
  3 gin iá 2 gin elteg 3 *gin* d'huile, 2 *gin* de soude

TRANCHE

  Dingir-Kal pour *D.-Kal.*
  3 qa kaš 2 qa gar 5 gin 3 *qa* de boisson, 2 *qa* de nour-
  sum riture, 5 *gin* d'oignons,
20. *3 gin iá 2 gin elteg* 3 *gin* d'huile, 2 *gin* de soude
R. *Ur-dingir-Ba-u* pour *Ur-d.-Ba-u.*
  3 qa kaš 2 qa gar 5 gin 3 *qa* de boisson, 2 *qa* de nour-
  sum riture, 5 *gin* d'oignons,
  3 gin iá 2 gin elteg 3 *gin* d'huile, 2 *gin* de soude
  Nu-ḫi-lum pour *Nu-ḫi-lum.*
25. *3 qa kaš 2 qa gar 5 gin* 3 *qa* de boisson, 2 *qa* de nour-
  sum riture, 5 *gin* d'oignons,
  3 gin iá 2 gin elteg 3 *gin* d'huile, 2 *gin* de soude
  Šu-gu pour *Šu-gu*
  3 qa kaš 2 qa gar 5 gin 3 *qa* de boisson, 2 *qa* de nour-
  sum riture, 5 *gin* d'oignons,
  3 gin iá 2 gin elteg 3 *gin* d'huile, 2 *gin* de soude
30. *Šu-ab-ba* pour *Šu-ab-ba.*
  šunigin 10+5 qa kaš Total 15 *qa* de boisson douce;
  šig šunigin 20+7 qa total 27 *qa* de boisson fer-
  kaš gin mentée;
  šunigin 5×10 lal 2 qa total 48 *qa* de nourriture;

gar šunigin 5/6 qa sum	total 5/6 de *qa* d'oignons;
šunigin 1/2 qa iá šuni-gin 1/3 qa elteg	total 1/2 *qa* d'huile; total 1/3 *qa* de soude.
itu šu-numun ud 10 lal 1 kam	Mois de *Šu-numun*, 9ᵉ jour;
35. *mu us-sa má dingir Ea.*	année qui suit celle du bateau du dieu *Ea*.
	(G.S. 3)

56

4 2×10 7 qa kaš šig gur	4 *gur* 27 *qa* de boisson douce,
2 3×60 4×10 2 qa kaš gin gur	2 *gur* 222 *qa* de boisson fer-mentée,
Na-ab-da-lum	pour *Na-ab-da-lum*;
10 kaš gin mar-tu ša(g) é (ou ge)	10 *qa* de boisson fermentée à l'*Amorrite* du service in-térieur (?)
5. *2×10 kaš šig mar-tu igi lugal šu...*	20 *qa* de boisson douce à l'*Amorrite* devant le roi....
4×10 kaš šig gir-nita harran-ta gin-na	40 *qa* de boisson douce au *šakkanak*, qui revient de caravane
mal [ ] maškim	[ ] *maškim*;
10. R. *2×10 kaš šig gim a-ga-am*[1]	20 *qa* de boisson douce à la servante du .....
Ḫi-ni-ni sukkal maš-kim	*Ḫi-ni-ni* intendant, maš-kim;
5 qa kaš šig lù-kin-gi-a Ṣi-lu-uš-d.-Da-gan[2]	5 *qa* de boisson douce au messager de *Ṣi-lu-uš-d.-Da-gan*,

---

1. Reisner, *in Tempelurkunden*, en fait une servante de temple.
2. Restituer ainsi le *fac-similé*; cf. Legrain, *Temps des rois d'Ur*, nᵒˢ 270, 300.

15. *Še-li-bu-um   sukkal*   *Še-li-bu-um* intendant *maš-*
    maškim   *kim ;*
    5 qa kaš gin lù-   5 *qa* de boisson forte
    kin-gi-a pa-te-si   au messager du patési de
    Sa-bu-um-ma-ka   *Sabum.*
    Bà-ša-ilu sukkal maš-   *Bà-ša-ilu* intendant, *maš-*
    kim   *kim;*
    5 qa nam(?) pag ku   5 *qa*   x
    ba(?)
20. *Sá-ma-a-an sukkal*   *Sá-ma-a-an*, intendant,
    maškim   *maškim.*

TRANCHE

zi(g)-ga   bal-a   ud 10   Dépense de la contribution
    5 kam   régulière au 15ᵉ jour.
itu ri   Mois *Ri.*

58

5 qa kaš 3 qa gar 3 gin   5 *qa* de boisson, 3 *qa* de nour-
    sum 3 gin iá 2 gin el-   riture, 3 *gin* d'oignons, 3 *gin*
    teg   d'huile, 2 *gin* de soude
Šu-giš-dar   pour *Šu-giš-dar*.
5 qa kaš 3 qa gar 3 gin   5 *qa* de boisson, 3 *qa* de nour-
    sum 3 gin iá 2 gin el-   riture, 3 *gin* d'oignons,
    teg   3 *gin* d'huile, 2 *gin* de soude
Ur-dingir-Nin-a-zu   pour *Ur-d.-Nin-a-zu*.
5. *5 qa kaš 3 qa gar 3 gin*   5 *qa* de boisson, 3 *qa* de nour-
      sum 3 gin iá 2 gin el-   riture, 3 *gin* d'oignons,
      teg   3 *gin* d'huile, 2 *gin* de soude
   A-ḫu-ni   pour *A-ḫu-ni*.
   5 qa kaš 3 qa gar 3 gin   5 *qa* de boisson, 3 *qa* de nour-
      sum 3 gin iá 2 gin el-   riture, 3 *gin* d'oignons,
      teg   3 *gin* d'huile, 2 *gin* de soude
   Lù-dingir-Nannar.   pour *Lù-d.-Nannar*.

10. *5 qa kaš 3 qa gar 3 gin sum 3 gin iá 2 gin el-teg*
A-bu-ni
] qa kaš 3 qa gar 3 gin sum 3 gin iá 2 gin el-teg

5 *qa* de boisson, 3 *qa* de nourriture, 3 *gin* d'oignons, 3 *gin* d'huile, 2 *gin* de soude pour *A-bu-ni*.
] *qa* de boisson, 3 *qa* de nourriture, 3 *gin* d'oignons, 3 *gin* d'huile, 2 *gin* de soude

. TRANCHE

15. *Arad-dingir-Nannar.*
5 qa kaš 3 qa gar 3 gin sum 3 gin iá 2 gin el-teg
R. *Lul-a-mu*
3 qa kaš 2 qa gar 3 gin sum 3 gin iá 2 gin el-
20. *teg*
Šu-dingir-Iškur
3 qa kaš 2 qa gar 3 gin sum 3 gin iá 2 gin el-teg
Ša-al-maḫ
25. *3 qa kaš 2 qa gar 3 gin sum 3 gin iá 2 gin el-teg*
Lù-ša-lim
10 qa kaš 10 gar 5 gin iá Ba-ba-a

šunigin 5×10 4 qa [kaš]
šunigin 3×10 7 qa gar
30. *šunigin 1/2 qa sum [šu-nigin] 10 qa [ ] gin iá*
šunigin 1/3 qa elteg

pour *Arad-d.-Nannar.*
5 *qa* de boisson, 3 *qa* de nourriture, 3 *gin* d'oignons, 3 *gin* d'huile, 2 *gin* de soude
pour *Lul-a-mu.*
3 *qa* de boisson, 2 *qa* de nourriture, 3 *gin* d'oignons, 3 *gin* d'huile, 2 *gin* de soude
pour *Šu-dingir-Iškur.*
3 *qa* de boisson, 2 *qa* de nourriture, 3 *gin* d'oignons, 3 *gin* d'huile, 2 *gin* de soude
pour *Ša-al-maḫ.*
3 *qa* de boisson, 2 *qa* de nourriture, 3 *gin* d'oignons, 3 *gin* d'huile, 2 *gin* de soude
pour *Lù-ša-lim.*
10 de boisson, 10 de nourriture, 5 *gin* d'huile pour *Ba-ba-a.*

Total 54 *qa* [de boisson]; total 37 *qa* de nourriture;

total 1/2 *qa* d'oignons; [total] 10 *qa* [x] *gin* d'huile;

total 1/3 *qa* de soude.

Rebord

ud 7 kam itu é-itu-àš,	Le jour 7e; mois *E-itu-àš;*
mu us-[sa] *Si-ma-*	l'année qui suit celle de
num-ki.	*Si-ma-num.*

(G.S. 4)

71

3 qa kaš šig 2 qa gar	3 *qa* de boisson douce, 2 *qa* de nourriture,
2 gin iá 2 gin elteg	2 *gin* d'huile, 2 *gin* de soude
1 sa-bàr	1 x'
I-šar-be-li	pour *I-šar-be-li.*
5. *3 qa kaš šig 2 qa gar*	3 *qa* de boisson douce, 2 *qa* de nourriture,
2 gin iá 2 gin elteg	2 *gin* d'huile, 2 *gin* de soude,
1 sa-bàr	1 x'
Šu-i-li	pour *Šu-i-li.*
1 dug ú-sa' 3 qa kaš šig	1 pot de boisson x, 3 *qa* de boisson douce,
10. R. *10 gar 2 gin iá* [*elteg*	10 de nourriture, 2 *gin* d'huile [de soude

---

1 L'idéogramme *sa* indique le filet, les objets en cordes ou liés ensemble ; ainsi les nattes de joncs sont : *sa-gi.* Ici, quelle est sa signification ? Un filet pour quel usage ? (Delitzsch, dans *Sumerisches Glossar* 1914, p. 66, lit *sa-bàr* « eig. hingebreitetes netz »).

2. Partout où revient cette expression, n°⁸ 71, 87, 95, j'avais d'abord lu *kaš-ú-sa*, boisson fermentée tirée d'une plante ; je crois qu'il faut lire *dug* au lieu de *kaš* ; l'exiguité des tablettes traitant des boissons rend la distinction entre *kaš* et *dug* assez malaisée. Il est à remarquer qu'il s'agit bien d'un liquide, puisqu'il peut être doux ou fort ; d'autre part, jamais le mot *qa* n'est exprimé après le chiffre indiquant la quantité de cette substance ; cela arrive de temps en temps pour le *kaš*, mais jamais avec cette continuité. Enfin, un chiffre de *qa* ne se rapportant à rien suit souvent le nom de cette denrée : c'est la contenance du pot en question. — De quel liquide s'agit-il ? *Ú* est *šammu; sa* est *damu;* c'est du sang de plante, de la sève, si *sa* n'est pas le nom de la plante que détermine *ú.* A rapprocher dans Legrain, *Le temps des rois d'Ur,* à la tablette n° 4, la céréale *ú-tir.*

3 sa-bàr	3 x
Li-bur-be-li gab 1	pour *Li-bur-be-li*, 1ᵉʳ portier.
1 dug ú-sa 3 qa kaš šig	1 pot de boisson x, 3 *qa* de boisson douce,
10 gar 2 gin iá 2 gin	10 de nourriture, 2 *gin* d'huile,
15. *elteg*	2 *gin* de soude,
3 sa-bàr	3 x,
Šu-dingir-En-lil-lá gab 2	pour *Šu-d.-En-lil-lá*, 2ᵉ portier.
šunigin 2 dug ú-sa 10	Total 2 pots de boisson x, de 10 *qa*;
šunigin 20 2 qa kaš-šig	total 12 *qa* de boisson douce;
20. *šunigin 2×10 4 qa gar*	total 24 *qa* de nourriture;
šunigin 8 gin iá 8 gin elteg	total 8 *gin* d'huile, 8 *gin* de soude;
šunigin 5 sa-bàr	total 5 x;

TRANCHE ·

zi(g)-ga	dépensé
ud 7 kam	le jour 7ᵉ,
itu ab'	du mois *Ab'*,
mu us-sa Sima-num-ki.	l'année qui suit celle de *Si-ma-num.*

(G.S. 4)

87

1 dug ú-sa šig 10 5 qa	1 pot de boisson x douce, de 15 *qa*,
1 dug ú-sa gin 3 × 10	1 pot de boisson x fermentée de 30,
2 × 10 zid gu'	20 *qa* de farine fine,
4 × 10 zid še	40 *qa* de farine d'orge;
5. *2/3 qa iá-nun du(g)-ga*	2/3 *qa* de beurre fin,

---

1. Cf. p. 42, note 2.

1 udu bar-su-ga	1 mouton, à part.
Dingir-Babbar-du(g)	pour *D.-Babbar-du(g)*;
R. *itu šu-numun*	mois de *Šu-numun*,
mu us-sa dingir-Gimil-	l'année qui suit celle où
10. *dingir-Sin lugal-e*	*Gimil-Sin*, roi,
bád mar-tu	a construit *Dûr-Martu*;
mu-dŭ-a mu	l'année qui suit celle-
us-sa-a-bi.	là.

(G.S. 6)

95

1 dug ú-sa 3 qa kaš	1 pot de boisson x, 3 *qa* de boisson,
10 gar 2 gin iá 2 gin elteg	10 de nourriture, 2 *gin* d'huile, 2 *gin* de soude.
3 sa-bàr	3 x
5. *Azag-dingir-Nanna(r)* *gab 1*	pour *Azag-d.-Nanna(r)* premier portier;
1 dug ú-sa 3 qa kaš	1 pot de boisson x, 3 *qa* de boisson,
10 gar 2 gin iá 2 gin elteg	10 de nourriture, 2 *gin* d'huile, 2 *gin* de soude,
3 sa-bàr	3 x
10. *Lù-dingir-Ba-u gab 2*	pour *Lù-d.-Ba-u* 2e portier;
R. *3 qa kaš 2 qa gar*	3 *qa* de boisson, 2 *qa* de nourriture,
2 gin iá 2 gin elteg	2 *gin* d'huile, 2 *gin* de soude,
1 sa-bàr	1 x
Šu-gu-kam ka uš ki	pour *Šu-gu-kam ka uš ki(?)*
15. *šunigin 2 dug ú-sa gin 10 [*	Total 2 pots de boisson x fermentée, de 10 *qa;*
šunigin 10 lal 1 qa kaš	total 9 *qa* de boisson;
šunigin 2×10 2 qa gar	total 22 *qa* de nourriture;
šunigin 6 gin iá šunigin	total 6 *gin* d'huile;

6 gin elteg	total 6 *gin* de soude ;
šunigin 7 sa-bàr	total 7 x ;
ud 14 kam itu še-kin-kud	Jour 14ᵉ du mois de *Še-kin-kud*
20. *mu us-sa bàd mar* [	l'année qui suit celle de *Dùr-Martu.*

(G.S. 5)

96

5 qa kaš 3 qa gar 3 gin sum 3 gin iá 2 gin elteg	5 *qa* de boisson, 3 *qa* de nourriture, 3 *gin* d'oignons, 3 *gin* d'huile, 2 *gin* de soude
Lù-ka-ni	pour *Lù-ka-ni* ;
5 qa kaš 2 qa gar 2 gin sum 3 gin iá 2 gin elteg	5 *qa* de boisson, 2 *qa* de nourriture, 2 *gin* d'oignons, 3 *gin* d'huile, 2 *gin* de soude
5. *Ur-ab-ba*	pour *Ur-ab-ba* ;
5 qa kaš 3 qa gar 3 gin sum 3 gin iá [ ] *elteg*	5 *qa* de boisson, 3 *qa* de nourriture, 3 *gin* d'oignons, 3 *gin* d'huile, [ ] de soude
Šu-gu-te	pour *Šu-gu-te* ;
10. *5 qa kaš 3 qa gar 3 gin sum 3 gin iá 2 gin elteg*	5 *qa* de boisson, 3 *qa* de nourriture, 3 *gin* d'oignons, 3 *gin* d'huile, 2 *gin* de soude
Ib-ku-ša	pour *Ib-ku-ša* ;

TRANCHE

3 qa kaš 2 qa gar 2 gin sum	3 *qa* de boisson, 2 *qa* de nourriture, 2 *gin* d'oignons,
3 gin iá 2 gin elteg	3 *gin* d'huile, 2 *gin* de soude
15. R. *2 qa iá-šah*	2 *qà* de saindoux

Iš-ka-ku lù luḫ é — pour *Iš-ka-ku,* employé au nettoyage du palais ;

šu-ba-ab-ti — ils en ont pris livraison.

šunigin 2×10 3 qa kaš — Total 23 *qa* de boisson ; total
šunigin 10 4 qa gar — 14 *qa* de nourriture ;
šunigin 10 5 gin sum — total 15 *gin* d'oignons ; total
šunigim 10 5 gin iá — 15 *gin* d'huile végétale ;
giš

20. *šunigin 2 qa iá-šaḫ šu-* — total 2 *qa* de saindoux ; total
nigin 10 gin elteg — 10 *gin* de soude.
ud 20 6 kam itu še kar- — Le jour 26ᵉ du mois de *Še-*
ra-gál-la mu us- — *kar-ra-gál-la,* l'année qui
sa dingir-Gimil-dingir- — suit celle où *Gimil-d.-*
Sin — *Sin,*

25. *lugal-e bád mar-tu* — roi, a construit *Dûr-Martu;*

REBORD

mu us-sa-a-bi. — l'année qui suit celle-là.

(G.S. 6)

97

5 qa kaš 3 qa gar 5 gin — 5 *qa* de boisson, 3 *qa* de nour-
sum 3 iá 2 gin elteg — riture, 5 *gin* d'oignons,
3 *gin* d'huile, 2 *gin* de
soude

Dingir-la-al — pour *D.-la-al;*

5 qa kaš 3 qa gar 5 gin — 5 *qa* de boisson, 3 *qa* de nour-
sum 3 gin iá — riture, 5 *gin* d'oignons,
] *gin elteg* — 3 *gin* d'huile,] *gin* de
soude,

Ṣi-e-ṣi — pour *Ṣi-e-ṣi;*

5. *5 qa kaš 3 qa gar 5 gin* — 5 *qa* de boisson, 3 *qa* de nour-
sum 3 gin iá 2 gin — riture, 5 *gin* d'oignons,
elteg — 3 *gin* d'huile, 2 *gin* de
soude

A-da-lal — pour *A-da-lal;*

5 qa kaš 3 qa gar 5 gin sum 3 gin iá 2 gin elteg	5 *qa* de boisson, 3 *qa* de nourriture, 5 *gin* d'oignons, 3 *gin* d'huile, 2 *gin* de soude
Al-la-mu	pour *Al-la-mu;*
5 qa kaš 3 qa gar 5 gin sum 3 gin iá 2 gin elteg	5 *qa* de boisson, 3 *qa* de nourriture, 5 *gin* d'oignons, 3 *gin* d'huile, 2 *gin* de soude
10. *Ur-ab-zu*	pour *Ur-ab-zu ;*

TRANCHE

5 qa kaš 3 qa gar 5 gin sum 3 gin iá 2 gin elteg	5 *qa* de boisson, 3 *qa* de nourriture, 5 *gin* d'oignons, 3 *gin* d'huile, 2 *gin* de soude,
A-bil-a	pour *A-bil-a ;*
R. *3 qa kaš 2 qa gar 5 gin sum 3 gin iá 2 gin elteg*	3 *qa* de boisson, 2 *qa* de nourriture, 5 *gin* d'oignons, 3 *gin* d'huile, 2 *gin* de soude,
15. *Lù-si-di*	pour *Lù-si-di ;*
3 qa kaš 2 qa gar 5 gin sum 3 gin iá 2 gin elteg	3 *qa* de boisson, 2 *qa* de nourriture, 5 *gin* d'oignons, 3 *gin* d'huile, 2 *gin* de soude
Gù-de-a	pour *Gù-de-a ;*
3 qa kaš 2 qa gar 3 gin sum 3 gin iá 2 gin 20. *elteg*	3 *qa* de boisson, 2 *qa* de nourriture, 3 *gin* d'oignons, 3 *gin* d'huile, 2 *gin* de soude
A-ḫu-ni	pour *A-ḫu-ni ;*
3 qa kaš 2 qa gar 5 gin sum 3 gin iá 2 gin elteg	3 *qa* de boisson, 2 *qa* de nourriture, 5 *gin* d'oignons, 3 *gin* d'huile, 2 *gin* de soude

Ṡa-al-maḫ	pour *Ṡa-al-mah.*
25. *šunigin 3×10 2 qa kaš*	Total 32 *qa* de boisson ; total
šunigin 2×10 6 qa	26 *qa* de nourriture ;
gar	
šunigin 5/6 qa sum šu-	total 5/6 de *qa* d'oignons ;
nigin 1/2 qa iá	total 1/2 *qa* d'huile ;
šunigin 1/3 qa elteg	total 1/3 de *qa* de soude.

BORD

ud 20 6 kam itu šu-nu-	Le 26ᵉ jour du mois de *Ṡu-*
mun	*numun,*
mu us-sa má dara abzu	l'année qui suit celle où le
	bateau *Dara-abzu*
dingir Ea ba-ab-dŭ.	du dieu *Ea* a été consacré (?)
	(G.S. 3)

98

5 qa kaš 3 qa gar 2 gin	5 *qa* de boisson, 3 *qa* de nour-
sum 3 gin iá] gin	riture, 2 *gin* d'oignons,
elteg	3 *gin* d'huile,] *gin* de
	soude .
Ur-dingir-Dun-pa-è	pour *Ur-D.-Dun-pa-è ;*
5 qa kaš 3 qa gar 3 gin	5 *qa* de boi-son, 3 *qa* de nour-
sum 3 gin iá 2 gin	riture, 3 *gin* d'oignons,
elteg	3 *gin* d'huile, 2 *gin* de
	soude,
Ṡu-dingir-Nin-šubur	pour *Ṡu-d.-Nin-šubur ;*
5. *5 qa kaš 3 qa gar 2 gin*	5 *qa* de boisson, 3 *qa* de nour-
sum 3 gin iá 2 gin	riture, 2 *gin* d'oignons,
elteg	3 *gin* d'huile, 2 *gin* de
	soude
A-ka	pour *A-ka ;*
3 qa kaš 2 qa gar 3 gin	3 *qa* de boisson, 2 *qa* de nour-
sum 3 gin iá 2 gin	riture, 3 *gin* d'oignons,
elteg	3 *gin* d'huile, 2 *gin* de
	soude

Ša-al-maḫ	pour *Ša-al-maḫ;*
3 qa kaš 2 qa gar 2 gin	3 *qa* de boisson, 2 *qa* de nour-
sum 3 gin iá 2 gin	riture, 2 *gin* d'oignons,
elteg	3 *gin* d'huile, 2 *gin* de
	soude

TRANCHE

10. *Lù-bal-šá(g)*	pour *Lù-bal-šá(g);*
] *qa kaš 2 qa gar 3 gin*	] *qa* de boisson, 2 *qa* de nour-
sum	riture, 3 *gin* d'oignons.
3 gin iá 1 gin elteg U-	3 *gin* d'huile, 1 *gin* de
bar	soude pour *U-bar.*
R. *šunigin 2×10 4 qa kaš*	Total 24 *qa* de boisson; total
šunigin 10 5 qa gar	15 *qa* de nourriture;
šunigin 10 8 gin sum	total 18 *gin* d'oignons; total
šunigin 10 8 gin iá	18 *gin* d'huile de 1er choix,
15. *zag 2 gin elteg*	2 *gin* de soude.
ud 20 8 kam itu ab[1]	Le jour 28e du mois de *Ab*[2],
mu us-sa dingir-Gimil-	l'année qui suit celle où *d.-*
dingir-Sin	*Gimil-Sin,*
lugal Uri-ki-ma-	roi d'*Ur,*
ge bád mar-tu	a construit *Dûr-Martu*
20. *mu-ri-ig ti-*	qui repousse les ennemis,
ni-ti-ni-im	
mu-dù.	(G.S. 5)

99

1re FACE

2×60 [ ] še	2×60 [ ] d'orge,
10 6 5/6 qa lal 1 gin iá	16 *qa* 5/6 moins un *gin* d'huile
-giš	de sésame,
10 1 qa 9 gin sum qum	11 *qa* 9 *gin* d'oignons en
	pâte,
6 1/3 qa 6 gin elteg qum	6 *qa* 1/3 et 6 *gin* de plante
	à soude en pâte,

2ᵉ FACE

sá-dú(g) rim [— ration régulière des courriers [

ša(g) an-za-kar id Gir-zu-ki — dans la tour du canal de *Gir-zu*;

gir Lù-du(g)-ga sukkal rim — surveillant : *Lù-du(g)ga*, intendant des courriers ;

dub Lù-kal-la — compte de *Lu-kal-la*,

ù Ur-dingir-nun gal. — et de *Ur-dingir-nun-gal.*

3ᵉ FACE

itu min-ab ud 30 lal 1 kam — Mois *Min-ab*, jour 29ᵉ

mu dingir-Gimil-dingir-Sin lugal — l'année ou *Gimil-Sin*, roi

Uri-ki-ma-ge — d'*Ur*,

na-rú-a maḫ dingir-En-lil — la grande stèle, au dieu *En-lil*

dingir-Nin-lil-ra mu-ne-dú. — et à la déesse *Nin-lil* a consacré.

Lù-du(g)-ga ù Ur-é-ni] ku é-mu gi(n)-ni-eš. — *Lù-du(g)-ga* et *Ur-é-ni-ku*[1] ; à la boulangerie ils sont venus.

(G.S. 6)

SCEAUX

Ur-dingir-Nun-gal dub-sar — *Ur-d.-Nun-gal* scribe,

dumu Ur-dingir-Šara pisan dub-ba sag — fils de *Ur-d.-Šara*, greffier en chef.

———

Lù]-kal-la dub-sar — *Lù-kal-la* scribe,

dumu Ur-e-ge — fils de *Ur-è-e-ge.*

———

1. Lecture possible : *Lù-du(g)-ga* et *Ur-lil* l'ont pris en dépôt *(ni-ku)*; à la boulangerie, ils l'ont déposé.

III

BÉTAIL VIVANT OU MORT. — CUIRS ET PEAUX :
Nᵒˢ 6, 20, 24, 32, 44, 52, 63, 73, 78, 85, 91, 92.

6

Colonne I

	20 gu(d) še	20 bœufs gras,
	10 gu(d) ú	10 bœufs d'herbage,
	3×60 5×10 3 udu ú	233 moutons d'herbage,
	6 máš-gal ú	6 boucs d'herbage,
5.	*1 sil*	1 agneau,
	U-na-[ab-a]-ri	*U-na-ab-a-ri ;*
	1 [gu(d)] še	1 bœuf gras,
	1 udu ú	1 mouton d'herbage,
	Sar-ra-a	*Sar-ra-a ;*
10.	*1 gu(d) ú*	1 bœuf d'herbage,
	1 udu ú	1 mouton d'herbage,
	Da-še	*Da-še ;*
	1 gu(d) ú	1 bœuf d'herbage,
	1 sil	1 agneau,
15.	*Gi-ib-la*	*Gi-ib-la*

Colonne II

1 gu(d) še·	1 bœuf gras
1 sil	1 agneau
Ḥa-ki-am	*Ḥa-ki-am*

1 gu(d) ú	1 bœuf d'herbage
5. *1* [	1 [
Nig-ni [	*Nig-ni* [
1 [	1 [

R.   COLONNE III

[	[
[	[
8 [	8 [
1 [	1 [
5. *A-da-lal*	*A-da-lal*
dumu Me-ku	fils de *Me-ku ;*
70 gu(d) ú	70 bœufs d'herbage,
kas Ur-bil-lum	caravane d'*Ur-bil-lum ;*
gǐr U-na-ab-	fonctionnaire : *U-na-ab-*
10. *a-ri*	*a-ri ;*
1 gu(d) še	1 bœuf gras,
Da-hi-še-en	*Da-hi-še-en ;*
4 gu(d) ú	4 bœufs d'herbage,
kas Še-ti-ir-ša-	caravane de *Še-ti-ir-ša,*
15. *ki.*	

COLONNE IV

gǐr Da-hi [*še*]-	fonctionnaire : *Da-hi-*[*še*]-
en	*en,*
pa Arad-mu	chef : *Arad-mu.*
Gú-ma-da	*Gú-ma-da*
5. *mu-túm*	a amené ;
In-ta-[*è*	*In-ta-*[*è*
ni-[*ku*]	a pris en charge ;
gǐr D.-Nannar	le fonctionnaire *D.-Nannar*
ba-dub	a fait le compte ;
10. *ud 13* [*kam*]	le jour 13e,
itu Dingir-Dun[*gi*	mois de *Dun-*[*gi*
mu Dingir-Gimil-Sin	l'année où *Gimil-Sin*

lugal Uri-[ki]-ma-ge	roi d'*Ur*, a ravagé
15. *ma-[da Za]-ab-ša-li-ki*	le pays de *Za-ab-ša-li*.
mu]-ḫúl.	(G.S. 7)

REBORD

60 5×10 5 gu(d) 4×60 2×10 8 udu'.	115 bœufs, 268 moutons.

20

1 sil Dingir šes-[	1 agneau, *D.-Nannar*,
mu-túm Zabar	apport de *Zabar*,
Dingir-Ninâ-ušum-gal	*D.-Ninâ-ušum-gal*,
maškim	*maškim;*
·*1 amar máš-dù mu-túm*	1 petite gazelle, apport
5. *Gir-ra-nu-id*	de *Gir-ra-nu-id;*
3 amar máš-dù mu-túm	3 petites gazelles, apport
Kin(?)-ki-in	de *Kin(?)-ki-in;*
1 amar máš-dù mu-túm	1 petite gazelle, apport
Dingir] Dun-gi-na-da	de *D.-Dun-gi-na-da*
10. *é]-uz-ga*	à l'*E-uz-ga*
R. *Ur]-Ba-ú maškim*	*Ur]-Ba-ú maškim*
x máš]-dù ba-úg	x] gazelle morte
] ba-úg	] mort
mu[túm] a [	apport d'*A-[*
15. *i [ ] ni? [*	x.
ud 20 kam	Le 20ᵉ jour,
ki-Ab-ba-[ša(g)]-ga-ta	*Ab-ba-ša(g)-ga*
ba-zi(g)	a dépensé;
21 máš-dù kú (?)	21 gazelles à manger (?)

. . . . 　 . . . .

---

1. Ce total nous avertit de ne pas donner systématiquement aux clous verticaux la valeur 60.

24

1 su gud mu 3	1 peau de bœuf de 3 ans,
1 qun gud	1 fouet (en cuir) de bœuf,
1 sa gud x	1 lanière (en cuir) de bœuf x,
ki-Gu-du-du-ta	de la part de *Gu-du-du.*
dub] A-kal-la lù (sic)	Compte de *A-kal-la,* x.
R. *itu pap-ú-e*	mois de *Pap-ú-e,*
mu Si-mu-ru-um-	l'année où *Si-mu-ru-um*
ki ba-ḫúl.	a été ravagé. (D. 35)
Sceau	Sceau
Ka-dingir-Šara	*Ka-dingir-Šara*
dumu A-kal-la	fils de *A-kal-la*
lù-nimgir (?)	fonctionnaire x.

32

60 2×10 udu še 5/6	80 moutons gras, à 5/6 de *qa*
qa-ta	(d'orge pour) chacun,
1 gab	x ¹
sá-dú(g) dingir-Šara ù	offrande régulière au dieu
dingir-Dun-gi-ra	*Šara* et au divin *Dun-gi*
5. *ud 30 šu*	pour 30 jours ;
šunigin 6 3×60 2×10	total 6 *gur* 200 *qa* d'orge,
še-gur	
R. *šunigin 6 gab-gur*	total 6 *gur* de x
ša(g)-gal udu še	nourriture des moutons gras,
gìr Ka-dingir-Šara	fonctionnaire *Ka-dingir-Šara ;*
10. *itu ab'*	mois de *Ab'*
mu azag gu-za dingir	l'année où le trône d'argent
En-lil-lá ba-dim.	du dieu *En-lil* a été fait.
	(B.S. 3)

---

1. *Gab,* céréale *x* ; se compte au *gur.* Voir nᵉ 85.

44

60 su udu	60 peaux de moutons,
ki-Gu-du-du-	de la part de *Gu-du-du.*
ta	
dub A-a-kal-la	Compte d'*A-a-kal-la ;*
5. R. *itu é-itu-àš*	mois de *É-itu-àš ;*
mu Si-mu-ru	l'année où *Si-mu-ru-um*
um-ki ba-ḫúl.	a été ravagé.

(D. 35)

52

3×10 7 udu ki-Ur-dub	37 moutons de la part d'*Ur-*
-ta	*dub,*
3×10 3 udu gìr Ur-din-	33 moutons, fonctionnaire
gir-Nin-mar-ki-ka	*Ur-d.-Nin-mar-ki,*
3×10 5 udu Gìr-ri-mu	35 moutons de *Gìr-ri-mu,*
5. *ki-Ri-mu-ta*	de la part de *Ri-mu.*
60 40 lal 1 udu ki-pa-	99 moutons de la part du
te-si-Ká-dingir-ki-ta	patési de *Babylone,*
2×10 5 udu ki-Zu-ba-	25 moutons de la part de
ga-ta	*Zu-ba-ga,*
4 udu ki Šu-i-lí-ta	4 moutons de la part de *Šu-i-lí,*
10. *] udu ki-Na-lul-ta*	] moutons de la part de *Na-lul ;*
5×60 5×10 8	358 ;
ša(g) bi-ta	là-dessus :
maš-dub Kal-dingir-	compte du bétail, de *Kal-*
Dun-gi ni-gab	*d.-Dun-gi,* portier,
R. *60 2×10 [*	80
7 udu [nu] sá(g)-ga	7 moutons [ ] le personnel
é [ ] ab ka+x	*ab-ka+*x
] ba-ni	*] ba-ni*
]	*]*

] *an*	] *an*
] *lu* ,	] *lu*
] *dingir ba-ù*	] déesse *Ba-ù*
] *uru-na*	] *uru-na*
] *an-na*	] *an-na*
] *lum-ki ba-ḫúl*	] *lum* a été ravagé.
	(s. doute *Urbillum*)
	(D. 55)

63

1 máš šu-nir	1 chevreau pour l'emblème,
Ka-ni	de *Ka-ni ;*
1 A-nim-iḫ	1 d'*A-nim-iḫ*,
mu-tùm	en apport.
5. *itu dingir Dun-gi*	Mois de *D.-Dun-gi ;*
R. *mu a-du 3*	l'année où pour la 3ᵉ fois
kam Si-mu-ru-um-	*Si-mu-ru-um* a été
ki ba-ḫúl.	ravagé. (D. 42)

73

2 udu	2 moutons,
2 ganam	2 brebis,
1 máš	1 chevreau,
ba-ūg	morts,
5. *ud 20 3 kam*	le jour 23ᵉ ;
R. *ki-Na-lul-ta*	de la part de *Na-lul.*
dingir-Dun-gi-rí-	*D.-Dun-gi-rí-mu.*
mu	
šu-ba-ti	en a pris livraison ;
10. *itu ā-ki-ti*¹	mois d'*Ā-ki-ti ;*
mu Ša-aš-ru-ki	l'année où *Ša-aš-ru*
ba-ḫúl.	a été ravagé.
	(D. 52)

---

1. Tablette datée d'un des mois du calendrier propre à *Drehem*, ainsi que les nᵒˢ 78, 92.

78

1 úz ·	1 chèvre
ba-ŭg	morte
ud 10 4 kam	le jour 14ᵉ ;
ki-Zu-ba-ga-ta ·	de la part de *Zu-ba-ga*,
R. *dingir-Dun-gi-*	D.-*Dun-gi-ri-mu*
ri-mu	
šu-ba-ti	en a pris livraison.
itu šu-eš-ša	Mois de *Šu-eš-ša* ;
mu en Erida-ki	l'année où le pontife d'*Eridu*
ba·šú.	a été installé.

(D. 38 ou B.S. 8)

TRANCHE

1 udu	1 mouton

85

60 10 5 udu še 2/3 qa-ta	65 moutons gras ; 2/3 de *qa* (d'orge) pour chacun ;
50 (?) gab	x
ud 3×10 lal 1 šu	pour 29 jours ;
sá-dú(g) dingir-Šara ù	offrande régulière au dieu *Šara*, et
5. *sá-dú(g) dingir-Dun-[gi]*	offrande régulière au divin *Dun-gi* ;
šu še-bi 6 + 10 + 2 1/2 qa gur	en tout, cette orge fait 6 *gur* et 12 *qa* 1/2,
R. *]gab-bi 4 60×4 10 gur*	] x 4 *gur* 250 *qa*
gìr Ka-dingir-Šara	fonctionnaire : *Ka-d.-Šara*
10. *itu] še-kin-kud*	Mois de *Še-kin-kud* ;
mu giš-gu-za dingir	l'année où le trône du dieu
En-lil-lá ba-dim,	*En-lil* a été fabriqué.

(B.S. 3)

91

4 sil ga	4 agneaux de lait,
2 sal-sil ga	2 agnelles de lait,
u-tu-da	nés
ud 20 4 kam	le 24ᵉ jour,
5. *ša(g)-na-da-tùm-šú*	pour le dépôt;
R. *Lù-qa dub (?)*	*Lù-qa*, scribe (?)
ni-ku	a pris en charge.
itu-esen-dingir [	Mois de la fête du dieu [
mu dingir-gu-za dingir-	année où le divin trône du
10. *En-lil-lá ba-dim.*	dieu *En-lil* a été fabriqué.

(B.S. 3)

92

1 sil Dingir-En-lil	1 agneau pour le dieu *En-lil*,
mu-túm I-din-Dingir-	apport de *I-din-D.-Iškur*,
Iškur iš	porte-épée;
1 sil-Dingir-Nin-lil	1 agneau pour la déesse *Nin-lil*,
mu-túm Sag-dingir-Sin	apport de *Sag.-d.-Sin;*
5. *Zabar-ku maškim*	*Zabar-ku, maškim;*
1 udu še giš-gu-za	1 mouton gras pour le trône
D.-Dun-gi-ra	du *Divin Dun-gi*
[	[
R. [	[
10. *1 gu(d) 2 áb 1 ganam*	1 bœuf, 2 vaches, une brebis,
Šu-bù é-mu šu	pour *Šu-bu*, de la boulangerie;
ud 10 4 kam	le 14ᵉ jour,
ki-Našá(g)-ta	*Na-šá(g)*
ba-zig	l'a dépensé.
15. *itu šes-da-kú*	Mois *Šes-da-kú,*
mu Dingir-Bur-dingir-	l'année de *Bur-Sin*, roi.
Sin lugal.	

(B.S. 1)

IV

SPARTERIE. — NATTES. — FOURNITURES POUR NATTES : Nᵒˢ 21, 37, 70, 83.

———

21

1 sa-gi	1 natte ;
še-ta šam a	pour de l'orge achetée ;
ki-lù-ŭr-ša(g)-ga-ta	de la part du vannier (?)
5. *dub Mu-ni*	Le cachet de *Mu-ni*,
R. *ša(g)-bal-a*	a été apposé ;
mu dingir-Gimil-Sin	l'année où *Gimil-Sin*,
lugal-e é-dingir-Šara	roi, a construit le temple
Umma-ki mu-dù.	du dieu *Šara* d'*Umma*.

(G.S. 9)

Sceau   Sceau

mu-ni	*Mu-ni*
dub-sar.	scribe.

37

4×10 sa-gi	40 nattes
A-til-a šid-lal dingir	pour *A-til-a*, porte-*x*
Babbar-ka-šu	du dieu *Babbar* ;
ki-Lù šá(g)-ni-zu-	de la part de *Lù-šá(g)-*
5. *ta*	*ni-zu* ;

dub A-kal-la nu-banda   compte d'*A-kal-la*, officier;
R. *mu Ki-maš-ki ba-ḫúl*   l'année où *Ki-maš* a été ra-
                            vagé.

(D. 56)

SCEAU   SCEAU

A-kal-la   *A-kal-la*,
dub-sar   scribe,
dumu Ur-nigin-gar iš   fils de *Ur-nigin-gar*,
                            porte-épée.

70

1 gú gi-ša(g)-   1 talent de roseaux,
   uš (?)   x
[é]-udu-ta   viennent de la bergerie,
ki-Da-da-a   de la part de *Da-da-a*.
Lù-šá(g)-ni-zu   *Lù-šá(g)-ni-zu*
šu-ba-ti   en a pris livraison;
R. *itu še-kin-kud*   mois de *Se-kin-kud*,
mu dingir-Bur-dingir-   l'année de *Bur-Sin*, roi.
   Sin lugal.

(B.S. 1)

SCEAU   SCEAU

Lù šá(g) [ni-zu]   *Lù-šá(g)-[ni-zu]*
dumu Dam [fils de *Dam [*

83

2×60 3×10 sa-gi   150 nattes en fibre
gu lagab'-ba 10+4 sa-   à 14 brins(?) pour chaque
   má bi ka   lagab(?)

---

1. Le signe *lagab* n'est pas sûr; il semble plutôt que ce soit *giš*; cf.
MYHRMAN, *Babylonian Expedition* III, 1, tab. 101. Ces nattes sont utilisées
pour la batellerie, sans qu'on puisse préciser davantage.

<table>
<tr><td>rú ne</td><td>x</td></tr>
<tr><td>5. ki-Gir-ri-ib-[ta]</td><td>de la part de Gir-ri-ib.</td></tr>
<tr><td>R. dub A-du-mu</td><td>Compte de A-du-mu,</td></tr>
<tr><td>itu pap-ú-e</td><td>mois de Pap-ú-e;</td></tr>
<tr><td>mu us-sa-Ki-</td><td>l'année qui suit celle où</td></tr>
<tr><td>maš-ki ba-ḫúl.</td><td>Ki-maš a été ravagé.</td></tr>
</table>

(D. 57)

<table>
<tr><td>SCEAU</td><td>SCEAU</td></tr>
<tr><td>Ur-dingir-Sin</td><td>Ur-d.-Sin,</td></tr>
<tr><td>dub-sar</td><td>scribe,</td></tr>
<tr><td>dumu Ur-ginar-kam.</td><td>fils de Ur-ginar-kam.</td></tr>
</table>

V

LAINAGES ET ÉTOFFES : Nᵒˢ 40, 51, 60, 79.

40

2×10 4 ma-na sig	24 mines de laine,
nig-túg' dingir dumu-	pour le vêtement du dieu
zi	*Dumu-zi;*
2 a-ba	2ᵐᵉ don ;
ki-Ur-dingir-Sin-ta	de la part de *Ur-d.-Sin.*
5. R. *mu Si-mu-ru-um*	L'année où *Si-mu-ru-um*
-ki ba-ḫúl.	a été ravagé.

(D. 35)

51

1 gú lal 1 ma-na sig	1 talent moins 1 mine de laine,
lal-li-ta su-ga	en solde, revenu
Ša(g)-azag-gi na-kid	de *Ša(g)-azag-gi*, berger ;
1 gú 7 ma-na sig	1 talent, 7 mines de laine ;
5. *7 gin kù-babbar sig bi*	de cette laine, 7 *gin* d'argent
1 gú 10 ma-na	valent 1 talent et 10 mines ;
Ḫe-šá(g)-gi na-kid	de *Ḫe-šá(g)-gi*, berger ;
3 gú sig	3 talents de laine
azag	pure
Ur-ginar	de *Ur-ginar;*
10. R. *4×10 5 1/2 ma[na*	45 mines 1/2
Ka-dingir-Šara	de *Ka-d.-Šara;*

1. Br. 12168.

2 gú 6 ma-na	2 talents, 6 mines
Lugal-[esen (?)	*Lugal-[esen (?)*
] a-du 1 kam	pour la 1re fois.
15. *3×10 1/3 ma-na a-du*	30 mines 1/2 pour la 2e fois
2 kam	
Da-a-a	*Da-a-a.*
lal-li-ta su-ga	Solde en revenu ;
sib-ne-ne	les pasteurs
mu-túm.	l'ont apportée.

60

1 túg-uš-bar	1 pièce d'étoffe ;
ki-lal-bi 3 1/2 ma-na	son poids est de 3 mines 1/2
6 gin	et 6 sicles ;
túg Lugal-azag-zu	étoffe pour *Lugal-azag-zu;*
5. *ki-A-gu-gu-ta*	de la part de *A-gu-gu.*
dub lú-banda	Compte de l'officier.
R. *itu še-kin-kud*	Mois de *Še-kin-kud,*
mu us-sa-é	l'année qui suit celle du temple ;
mu us-sa-a-bi.	l'année qui suit celle-là.

(D. 51)

79

20 5 túg-uš-bar	25 pièces d'étoffe,
túg-ba nim é-gal	habillement pour la troupe de ceux qui nettoient le palais.
šu-la-ḫa	
gir lú-banda	fonctionnaire : l'officier,
5. *dumu Du(g)-ga*	fils de *Du(g)-ga.*
R. *ki-Ni-kal-la-ta*	De la part de *Ni-kal-la:*
dub pa-te-si-ka	compte du patési.
mu en-maḫ-gal	L'année où le grand pontife
an-na ba-šú.	céleste a été intrônisé.

(B. 54)

VI

CUIVRE EN MINERAI, EN LINGOTS. — OBJETS EN CUIVRE : N°s 33, 53, 62, 66, 74, 77.

———

33

2×60 4×10 8 urudu-   168 pièces[1] de cuivre de
kin 10 5 gin   15 *gin,*

ki-lal-bi 3×10 5 1/3   leur poids est de 35 mines 1/3,
ma-na

ki-Ḫa-lul-lul-ta   de la part de *Ḫa-lul-lul;*

2×60 2×10 7 urudu-   147 pièces de cuivre de 15 *gin,*
kin 10 5 gin

5. *ki-lal-bi 3×10 5 1/3*   leur poids est de 35 mines 1/3,
    ma-na

    ki-Lugal-é-maḫ-e-ta   de la part de *Lugal-é-maḫ-e;*

    2×60 3×10 lal 1 uru- 149 pièces de cuivre de 15 *gin,*
    du-kin 10 5 gin

    ki-lal-bi 3×10 3 1/2   leur poids est de 33 mines 1/2
    ma-na 5 gin   et 5 *gin,*

    ki-Ses-a-ni-ta   de la part de *Ses-a-ni;*

R. *3×60 5×10 4 urudu-*   234 pièces de cuivre de 15 *gin,*
    kin 10 5 gin

    ki-lal-bi 5×10 5 1/2   leur poids est de 55 mines 1/2
    ma-na 8 gin   et 8 *gin,*

---

1. *urudu-kin* signifie cuivre travaillé ; j'y vois les barres ou plaques, par opposition au cuivre en minerai ou en grenaille (*saḫar*) (n° 53), littéralement : en poussière, en poudre (*epiru*). — Cf. Contenau, *Tablettes de comptabilité relatices à l'industrie du cuicre à Umma au XXIIIe siècle. Recue d'Assyriologie*, t. XII, 1, 1915.

ki-La-a-mu-ta	de la part de *La-a-mu;*
kin-til-la ki-simug-ne	l'ouvrage achevé ; de la part
-ta	des forgerons.
itu še-kin-kud	Mois de *Še-kin-kud,*
mu us-sa En-dingir	l'année qui suit celle où le
Nanna(r) ba-šú.	pontife de *Nanna(r)* a été
	intronisé.

53 [1]

1 urudu[ma]na 6 gin	1 mine de cuivre, 6 *gin*
nig-sahar-ra	en minerai,
Ni-lu-lu kud-si(?)	de *Ni-lu-lu*, carrier (?)
Lugal-gab maškim-bi	*Lugal-gab*, son *maškim.*
5. *x] 5 gin ma-na*	x mines, 5 *gin*
] nig-sahar-ra	en minerai,
] a-ga-ša-ka-á (?)	] *aga-ša-ka-á,*
] lugal maškim bi	x]-*lugal*, son *maškim;*
] na 5 gin	x] mines, 5 *gin*
10. *] sahar-ra*	en minerai,
é-abzu-ge [e-]lal	pesée de l'*É-apsu :*
10 ma-na nig sahar-ra	10 mines, en minerai.

TRANCHE

]lal lù (ou lugal)	] *lal-lù (?)*
R. *pap hi bar gab a (?) kid*	pesée de x
e-lal	
15. *Um-si nu-banda kam*	*Um-si* étant officier,
Ka-dingir-[Iškur] maš-	*Ka-d.-Iškur*, son *maškim;*
kim bi	
10 ma-na 10 gin nig-	10 mines, 10 *gin* de minerai,
sahar-ra	

---

1. Tablette d'époque archaïque ; l'écriture est différente de celle des autres tablettes, ainsi que la façon de dater. Dans la *Revue d'Assyriologie*, t. VIII, 1911, M. THUREAU-DANGIN en a publié deux qui paraissent comparables à celle-ci.

	Ur-é-dub lal	pesée de *Ur-é-dub*,
	Da(?)-gar maškim bi	*Da (?)-gar maškim ;*
20.	*šunigin 600 (ou 3600)*	Total x mines 1/2 et 6 *gin*
	5 *1/2 6 gin urudu*	de cuivre, en minerai,
·	*ma-na nig-sahar-ra*	
	Ad-da dub-sar kam	*Ad-da*, étant le scribe,
	Du-du simug-gal-ra	pour *Du-du* grand forgeron,
	e-na-lal	ont été pesés.
25.	5 *mu 10 lal 1 itu 14 ud*	] 5ᵉ année ; 9ᵉ mois ; 14ᵉ jour.

62

	10 1 urudu ha-sú-da	11 x de cuivre ;
	7 urudu-kin	7 pièces de cuivre,
	urudu-kin ha-sú-da	pièces pour faire des x,
	ki-Da-da-ta	de la part de *Da-da*.
5.	*lù-banda*	L'officier
R.	*šu-ba-ti*	en a pris livraison.
	itu min-ab	Mois de *Min-Ab*,
	mu us-sa An-	l'année qui suit celle où
	ša-an ki ba-húl.	*Anšan* a été ravagé.

(D. 45)

66

	10 1 urudu ha-sú-da	11 x de cuivre ;
	ki-lal-bi 6 2/3(?) ma	leur poids est de 6 mines 2/3
	(*na*) *8 gin*	et 8 *gin* ;
	Ha-lul-lul	de (ou pour) *Ha-lul-lul*,
5.	*kin-til-la*	ouvrage achevé ;
	ki-Lù-ib-gal-ta	de la part de *Lù-ib-gal* ;
	Arad in-lal	*Arad* l'a pesé.

Tranche

	a-du 2 kam	pour la 2ᵉ fois ;
R.	*itu min-ab*	Mois de *Min-Ab*,
10.	*mu dingir-Bur-*	l'année de *Bur-Sin*,
	dingir-Sin lugal.	roi. (B.S. 1)

74

20 lal 1 urudu ḫa-sú-da 19 x de cuivre ;
ki-lal-bi 10 2 1/3 ma- leur poids est de 12 mines 1/3,
   na lal 2 gin   moins 2 *gin*.
5. *ki-Ur-nígin-gar-simug-* De la part de *Ur-nígin-gar*,
   ta   le forgeron.
R. *lú-banda* L'officier
   šu ba-ti en a pris livraison.
   itu min-ab Mois de *Min-Ab,*
10. *mu us-sa An-ša-* l'année qui suit celle où *An-*
   an-ki ba-ḫúl.   *šan* a été ravagé.

(D. 45)

77

10 2 urudu ḫa-sú-da 12 x de cuivre ;
ki-lal-bi 6 2/3 mana leur poids est de 6 mines 2/3
   7 [gin   et 7 *gin*
La-a-mu de *La-a-mu ;*
10 7 urudu ḫa-sú-da 17 x de cuivre,
5. *ki-lal-bi 10 2/3 ma [* leur poids est de 10 mines 2/3,
Ur-nígin-gar de *Ur-nígin-gar,*
R. *kin-til-la* le travail fini ;
   ki-simug-ne-ne-ta de la part des forgerons.
   itu ri Mois de *Ri,*
10. *mu dingir-Bur-dingir* l'année de *Bur-Sin*, roi.
   -Sin lugal.

(B.S. 1)

VII

LIVRAISON DE FILETS : N° 9.
LIVRAISON DE BRIQUES : N° 42.

9

4 × 10 lal 1 giš-par-   39 filets
ri má-lal-a   pour attacher au bateau ;
é-suḫur-ka-šer   à la maison de pêche
  gin-ne   on les a apportés,
5. *gìr Ur-nigin-gar-ta*   fonctionnaire *Ur-nigin-gar*.
  10 + 5 giš-ù-ku   15 bois x
    gig-ri-za   x
R. *é-pú-nag lugal-*   pour l'abreuvoir
    ka-šu   royal
10. *ki-Ne-dú(g)-ga-ta*   de la part de *Ne-dú(g)-ga* ;
  dub Lugal-esen   compte de *Lugal-esen*.
  mū Ur-bil-lum-   L'année où *Ur-bil-lum*
    ki ba-ḫúl   a été ravagé.

                          (D. 55)

42

1 1/3 sar 2 1/2 gin   1 *sar* 1/3 2 *gin* 1/2
  sig   de briques
Ur-a-dingir-ma-te   à *Ur-a-d.-ma-te* ;
pa Giš-ku-nig-ni   chef : *Giš-ku-nig-ni* ;
5. *4 2/3 sar sig*   4 *sar* 2/3 de briques

ka-d.-Šara-kam-me	à *Ka-d-Šara-kam-me*
pa Lù-d.-Šara	chef : *Lù-d.-Šara.*
R. *sig-ra da-é*	Destination de cette brique :
a-lil	une maison à étage(?)
gìr Ù-ma-ni	surveillant : *Ù-ma-ni.*
itu é-itu àš	Mois *É-itu àš;*
mu d.-Bur-d.-Sin	l'année où le roi *Bur-Sin*
lugal-e Ur-bil	a ravagé
-li-lum-ki mu-ḫúl.	*Ur-bil-lum.*

(B.S. 2)

VIII

LISTES DE JOURNALIERS, TRAVAUX ET SALAIRES :
N°s 29, 38, 49, 54, 61, 80, 81, 82, 84.

———

29

6 apin dumu-ni	6 laboureurs et leurs gens,
6 kal ša(g)-gu(d)	6 bouviers,
pa Lù-gi-na	chef : *Lù-gi-na ;*
4 apin dumu-ni	4 laboureurs et leurs gens,
5. *5 kal ša(g)-gu(d)*	5 bouviers,
pa Lugal-é-mah-e	chef : *Lugal-é-mah-e ;*
6 apin dumu-ni	6 laboureurs et leurs gens,
pa Lugal-(giš)-ginar-(ri)	chef : *Lugal-ginar-(ri) ;*
8 apin dumu-ni	8 laboureurs et leurs gens,
10. *pa Da-du-mu*	chef : *Da-du-mu ;*
ki-su gu-la a-ša(g) lal-mah	de la grande réserve, champ *Lal-mah ;*
4 apin dumu-ni	4 laboureurs et leurs gens,
R. *4 kal ša(g)-gu(d)*	4 bouviers,
pa Lù-gi-na	chef : *Lù-gi-na ;*
15. *4 apin dumu-ni*	4 laboureurs et leurs gens,
4 kal ša(g)-gu(d)	4 bouviers,
pa Lugal-é-mah-e	chef : *Lugal-é-mah-e ;*
ki-su(?) da-bár	de la réserve x ;
igi-gar-ag ut 8 kam	contrôle fait le 8e jour ;
20. *mu us-sa Ur-bil-lum-ki ba-hùl.*	l'année qui suit celle où *Urbillum* a été ravagé.

(D. 56)

38

6 kal ša(g)-gu(d)	6 bouviers
ud 6 šu	pour 6 jours
ka+šu id é-gir	du x du canal *É-gir*
ka-ku ú-il	à l'embouchure, pour le curer ;
5. *dub lù-dingir-Šara*	compte de *Lù-dingir-Šara* ;
pa Lugal-esen	chef : *Lugal-esen.*
R. *mu en Erida-ki*	L'année où le prêtre d'*Eridu*
ba-šú.	s'est installé.

(D. 38 ou B.S. 8)

Sceau   Sceau

[ ]	[ ]
dub-sar	scribe,
dumu La [	fils de *La*[

49

2×10 3 gim pa Da-da-ga	23 servantes ; chef : *Da-da-ga ;*
2×10 2 gim pa Dingir-ra	22 servantes ; chef : *Dingir-ra ;*
2×10 6 gim pa Ur-din-gir-Nin-tu	26 servantes ; chef : *Ur-d.-Nin-tu ;*
2×10 5 pa Dingir-Šara-zag-me	25 ; chef : *d.-Šara-zag-me ;*
5. *10×5 gim pa Lù-bal igi -gar*	15 servantes ; chef : *Lù-bal*(?) contrôleur ;
2×10 1 gim pa Ur-dingir-é-bar-tab	21 servantes ; chef : *Ur-d.-É-bar-tab ;*
10 lal 1 kal pa Sangu-ni-du	9 hommes ; chef : *Sangu-ni-du ;*
8 kal pa Uš-mu	8 hommes ; chef : *Uš-mu ;*
10 1 kal pa Ur-dub	11 hommes ; chef : *Ur-dub ;*
10. *10 1 kal pa Ni-kal-la*	11 hommes ; chef : *Ni-kal-la ;*

10 6 *kal pa Lù-igi-šá(g)-*
šá(g)

16 hommes; chef : *Lù-igi-*
šá(g)-šá(g);

10 5 *kal pa* [ ] *šá(g)*
[ ]

15 hommes; chef : [ ] *šá(g)*
[ ];

10 2 *kal 4* [

12 hommes, 4 [

R. *pa Du(g)-ga-mu*

chef : *Du(g)-ga-mu;*

15. 8 *kal pa Lugal-mu-ur*

8 hommes; chef : *Lugal-mu-*
ur;

10 *kal pa Ur-dagal-na*

10 hommes; chef : *Ur-dagal-*
na;

10 6 *kal pa Ur-dingir-*
Dun (?)

16 hommes; chef : *Ur-din-*
gir-Dun-pa-è

pa-è dumu mah

fils x

5 *kal 3 á 1/3*

5 hommes; 3 à 1/3 de tarif;

20. *pa Da-a-gi*

chef : *Da-a-gi;*

7 *kal 3 á 1/3* .

7 hommes; 3 à 1/3 de tarif;

pa Lù-x

chef : *Lù-x;*

10 3 *kal pa Gá-kud*

13 hommes; chef : *Gá-kud;*

igi-gar-ag šinig-ba-šu
úr-ra

contrôle de la culture de la
jeune palmeraie

25. *ud 1 kam a-ša(g) muš-*
bi-an-na

premier jour; champ *Muš-bi-*
an-na

itu še-kàr-gál-la

mois *Še-kàr-gál-la*

mu us-sa Ki-maš-ki ba-
hul

l'année qui suit celle où *Ki-*
maš

mu uš-sa-a-bi

a été ravagé; l'année qui suit
celle-là.

(D. 58)

54

Face I

1 *Ur* [ ] *ra*

1 à *Ur*[-]*ra;*

1 *Lù-dú(g)-ga-ni*

1 à *Lù-dú(g)-ga-ni;*

1 *Ur-kud sukkal*

1 à *Ur-kud,* intendant;

	1 Ur-dul	1 à *Ur-dul ;*
5.	*1 Ur-me (?)-lum-ma*	1 à *Ur-me (?)-lum-ma ;*
	1 Bar-[[	1 à *Bar-[;*
	1 Lugal-kur	1 à *Lugal-kur ;*
	1 Ur-ur lù-gu(d)-láḫ	1 à *Ur-ur,* conducteur des bœufs ;
	1 Bar-ra-ni-šu	1 à *Bar-ra-ni-šu ;*
10.	*] sag*	*] sag,*
	] lù-gar-su pa-te-si gal	le grand conseiller du patési ;
	] en-mu	*] en-mu ;*
	] du-du	*] du-du,*
	dumu Um-mi-a	*]* fils d'*Um-mi-a ;*
15.	*] dingir Babbar*	*] dingir Babbar ;*

Face II

	1 Ur-dingir-ušum (?)	1 à *Ur-dingir-ušum (?),*
	dumu Ur-dul	fils de *Ur-dul ;*
	1 En-an-na-túm	1 à *En-an-na-túm ;*
	1 Ur-ginar	1 à *Ur-ginar,*
20.	*dumu Ne-sag*	fils de *Ne-sag ;*
	1 Lugal-ka-gar-u	1 à *Lugal-ka-gar-u ;*
	1 Lugal ušum-bu-e	1 à *Lugal-ušum-bu-e ;*
	1 Ur dingir Šara	1 à *Ur-d.-Šara ;*
	1 Ur-en	1 à *Ur-en ;*
25.	*1 Ka-azag*	1 à *Ka-azag ;*
	1 A-ka-dù	1 à *A-ka-dù,*
	dumu Bur-dingir-še-zid	fils de *Bur-d.-še*
	nun-bu	*-zid-nun-bu ;*
	1 Lù-igi-ma	1 à *Lù-igi-ma.*
	ú-da	coupeur d'herbes (?) ;
30.	*1 A-ka [du (?)*	1 à *A-ka [du (?)*
R.	*dumu é-pa-è*	de l'*É-pa-è ;*
	2 [Dú(g)-ga-ni	2 à *Dú(g)-ga-ni (?) ;*
	] ša(g)	*] ša(g)*
	] maḫ	*maḫ*

	é
é	*ge*
ge	
35.] *é* [ ] *mah*	*é* [ ] *mah,*
1 *Tir-aʒag dumu Ama-*	1 à *Tir-aʒag,* fils de *Ama-*
bár-absu-ka	*bár-absu ;*
2 *Ab* [ ] *ki*	2 à *Ab ?* [ ] *ki*
40. 1 *Silim-dingir* [	1 à *Silim-dingir* [
dumu Ur-[	fils de *Ur-*[
1 *Du-du*	1 à *Du-du,*
dumu Ur-dingir-Tu	fils de *Ur-d.-Tu ;*
45. 1 *Du-du*	1 à *Du-du,*
lù-udu-še	l'homme des moutons à en-
	graisser ;
R. *šunigin 30 kal*	Total : 30 individus,
arad dub-sar-	serviteurs des scribes.
ne-me	
Ur é-mah	*Ur-é-mah*
50. *pa-bi(?)*	est leur chef.
5 *mu itu* [ ]	L'année 5e, le mois [

61

10 *kal šú-gà*	10 journaliers,
al 6 sar-ta	pour défricher 6 *sar* chacun ;
pa A-ma-a	chef : *A-ma-a ;*
igi-gar ud 10 4 kam	contrôle 14e jour ;
5. *a-sa(g) me-en-kár*	champ *Me-en-kár ;*
itu šu-numun	mois *Šu-numun ;*
R. *mu Hu-úh-*	l'année où *Hu-úh-*
nu-ri-ki ba-hul.	*mu-ri* a été ravagé.

(B.S. 7)

80

10 *lal 1 kal šú-gà*	9 journaliers,
gi-kud-a 10 sar-ta	pour couper les roseaux, à
	10 *sar* chacun ;

7 *kal al-ag*	7 ouvriers pour défricher.
6 *sar-ta*	à 6 *sar* chacun ;
5. *pa A-gu-a*	chef : *A-gu-a ;*
3 1/2 *kal pa Lù-dingir*	3 1/2 ouvriers ; chef : *Lù-d.-*
Śara	*Śara ;*
2 kal pa Giš-ku-nig-ni	2 ouvriers ; chef : *Giš-ku-*
	nig-ni ;
2 kal ša(g)-iš [1]	2 ouvriers x
R. *pa Da-a-ga*	chef : *Da-a-ga ;*
10. *a-ša(g) ni-sì(g)*	champ : *Ni-sì(g).*
itu é itu àš	Mois *É-itu-àš ;*
mu Bur-dingir-Sin	l'année où *Bur-Sin,*
lugal-e Ur-	roi, ravagea
bi(l)-lum-ki	*Ur-bi(l)-lum.*
15. *mu-ḫúl.*	(B.S. 2)

81

10 1 kal šú-gà	11 journaliers,
al 7 sar-ta	pour défricher 7 *sar* chacun ;
10 5 1/3 kal šú-gà	15 1/3 journaliers,
la im ag ab ri zu (?)	x
5. *ša ri ri ga*	x
pa Ur-dingir-Dun-pa	chef : *Ur-d.-Dun-pa-*
-è	*-è.*
R. *a-ša(g) dingir Nin-ŭr-*	Champ : *d.-Nin-ŭr-ra ;*
ra	
igi-gar ud 10 kam	contrôle 10ᵉ jour.
10. *itu é-[itu-àš]*	Mois *É-itu-àš ;*
mu é-dingir-[ ]	l'année où le temple du dieu [
ba-[dìm	a été construit.
	(G.S. 9)

1. *iš* se lit *sahar* (*epru*) poussière ; *epru* signifie aussi brique ; dans les textes susiens, on a : *zianam* (temple) ou *malakam* (promenoir) *epirtim epuš*. Sont-ce des remblayeurs ou des briquetiers ?

82

1 dumu-sal	1 fillette,
ša(g) da-nu-sar-ra	du lieudit : *Da-nu-sar-ra ?;*
itu esen-dingir-dun-gi	mois de la fête de *Dungi,*
-ta	
Da-da-ga ni-ku	remise aux mains de *Da-da-ga;*
5. *1 anšu-sal al*	1 ânesse fécondée
rim ni-ku	le courrier l'a reçue en dépôt;
R. *ki-Lugal-esen-ta*	de la part de *Lugal-Esen;*
mu us-sa Ki-maš-ki	l'année qui suit celle où
ba-ḫul.	*Ki-maš* a été ravagé.

(D. 57)

84

5 uš-ku 120	5 prêtres, à 120 *qa*
še-ta	d'orge chacun;
8 kal 60-ta	8 hommes, à 60, chacun;
ki-Da-da uš-ku	de la part de *Da-da,* prêtre.
5. *itu šes-da-kú*	Mois : *Šes-da-kú.*

SCEAU   SCEAU

Ur-dingir-Šara	*Ur-dingir-Šara,*
dub-sar	scribe,
dumu Lugal-nanga	fils de *Lugal-nanga*
nu-banda gu(d) dingir	officier du bétail du dieu
Šara.	*Šara.*

IX

VÉRIFICATIONS DE COMPTES : Nᵒˢ 64, 65.

64

Pisàn-dub-ba[1]	Bureau des archives;
nig-šid-ag	règlement de comptes
Ab-ba-mu	d'*Ab-ba-mu;*
gìr A-tu.	fonctionnaire : *A-tu.*

65

Pisàn-dub-ba	Bureau des archives.
še-ba zag dú(g)-ga	Rations du rôle des taxes (?)
mu us-sa en	L'année qui suit celle où le
Erida-ki ba-šú-gà (?)	pontife d'*Eridu* a été installé.
R.] *gál-ni.*	] c'est exact.

(B.S. 9)

---

1. Le terme *pisàn dub-ba :* panier aux tablettes, désigne aussi le scribe ;
c'est l'homme, (sous-entendu), du panier aux tablettes.

X

INTÉRÊTS ET REVENUS : Nᵒˢ 8, 45, 55.

———

8

2×60 ḥa-gi [120   x [
sag-nig-ga-ra é-   pour le capital du
gal-ge ba-ab-il   palais, ont été apportés,
a-ka Lù-nig šu ba-nu-   à l'ordre de *Lù-*.....;
5.   *ub-gar*   x ;
mu us-sa a-du 3 kam   l'année qui suit celle où pour
Si-mu-ru-um. ·   la 3ᵉ fois *Si-mu-ru-um* [.

(D. 43)

12 1/3 gin 10×7 še azag   12 sicles 1/3 17 grains d'ar-
                                   gent
   ] *itu Šu-bar-ra*   ] mois de *Šu-bar-ra*
10. *zig-ga-ta ba-ra-tur*   ont été dépensés, x ;
mu us-sa An-ša-an   l'année qui suit celle où
   ba-húl.   *Anšan* a été ravagé.

(D. 44)

45

[*x*]   [x   ]
ki-Ba-šá(g)-ta   de la part de *Ba-šá(g)*;
Ad-da lù-par-ra-ge   pour *Ad-da*, le faiseur de
                               filets (?) ;
á-dirig su-su-dam   c'est un salaire supplémen-
                               taire, en revenu.

itu dingir ne-gún sa(g)-pal-a	Mois du dieu *Ne-gún*, 2ᵉ moitié ;
mu a-du 3 kam Si-mu-ru-um-ki ba-ḫúl.	l'année où pour la 3ᵉ fois, *Si-mu-ru-um* a été ravagé.
	(D. 42)

Sceau   Sceau

]-*da*	]-*da*
dumu Na(?) ni mu	fils de *Na (?)-ni-mu*
lù é-sag-(?)	serviteur de l'*É-sag*.

55

3×10 D(?)-lugal-sú tah(?)	30 à *D.-Lugal-sú* en revenu (?),
dumu Gím-mi-è [	fils de *Gím-mi-è* [
4×10 Šu-da-da-ri sal [	40 à *Šu-da-da-ri* [
3× 10 Ka-ma-ni-zi du-mu Lugal-á-zi-da [	30 à *Ka-ma-ni-zi*, fils de *Lugal-á-zi-da* [
2×10 Ur-dul-uš-e du-mu Ur-ab-aš zi(g)-[ga]?	20 à *Ur-dul-uš-e*, fils de *Ur-ab-aš ;* dépensés (?).
3×10 Ur-d-šu-an-na a ir šu ša mu (?)	30 à *Ur-d.-šu-an-na* x
4×10 D.-Šara ma-an-sum ki da a ga uš gu(?)	40 à *D.-Šara ma-an-sum* x
2×10 Ur+x+ma(?)-azag(?) a Lugal-gi-nar-ri	20 à *Ur-x-ma(?)* x *Lugal-ginar-ri*
4×10 D.-lum-za lal-di [	40 *D.-lum-za*, en moins [

Ligne 5 au début de *mu Lugal-á-zi-da* ; ligne 10 au début de *2×10 Ur+x+ma(?)*.

Tranche

3×10 Šu-d.-Babbar ki da a-ga-gu (?)	30 à *Šu-d.-Babbar* x
4×10 Lugal-ab'-e du-mu mu [*Ur(?)-kal-la tah-hu (?)*	40 *Lugal-ab'-e*, fils [*Ur(?)-kal-la*, en revenu ;

15. R. *3×10 Ur-li dumu*   30 à *Ur-li*, fils de *Ur-d.-*
      Ur-d.-Ne-gún a-x   *-Ne-gún* x, revenu;
      tah (?)
      3×10 Lugal-sib dumu   30 à *Lugal-sib*, fils de *Igi-d.-*
      Igi-d-šu-mu-mu   *-šu-mu-mu*
      4×10 Lù-du(g)-ga a-   40 à *Lù-du(g)-ga* x *Nin-*
      kal Nin-lugal-gi-   *-Lugal-gi Lugal-kár*
      Lugal-kár

20. *Lù-ga-mu a-kal dingir* *Lù-ga-mu* x *D.-Ninā*
      Ninā
    ka gi a ru d.-Nin-lil   x   *d.-Nin-lil*
    šu aš la ni tah-hu.   x   en revenu.

XI

TRAVAUX DE LABOUR : N° 90.
RELEVÉS DE CHAMPS : N° 100.

———

90

1/3 bur gan 9 1/2-ta	6 *gan*, à 9 1/2 *qa* chaque ; (semence par unité *bur gan*)
Lugal d-[Dam.]-kal	*Lugal-d.-[ ]-kal ;*
nu-banda gu(d) Lugal-azag-ku	chef de labour : *Lugal-azag-ku ;*
pad apin-ta	la pitance, pour chaque laboureur
5. *ba-ra-zi(g)*	dépensée,
R. *ur-a-ba-a-gar*	y est comprise,
pa Ur-dingir-Dun-pa-è	chef : *Ur-d.-Dun-pa-è ;*
a-ša(g) tur	pour le petit champ ;
mu é-dingir-Šara	l'année où le temple du
ba-dù.	dieu *Šara* a été construit.
	(G.S. 9)

100

Colonne I

60 lal 1/3 2/18 1/36 gan šig	60 *bur* moins 1/3, 2/18 + 1/36 de *bur* de bonne[1] terre

---

1. Le signe *šig* est lu fréquemment dans ce cas : *pad*, qu'on traduit par irrigué ; je préfère la valeur *šig* ; plus loin, l. 15, le terrain *šig* est suivi de la mention irriguée (*a-de-a*) ; donc *šig*, ici, n'a point déjà ce sens.

	a-ša(g) id è-da-gūb-ba	champ du canal *È-da-gub-ba*,
5.	*60×2 5 1/3 gan*	125 *bur* et 1/3 de très bonne
	šig dú(g)-gi	terre,
	2/3 gan dŭl	2/3 de *bur* de terre pierreuse[1],
	1 2/3 gan sik-ki-dim	1 *bur* et 2/3 de terre argi-
		leuse[2],
10.	*a-ša(g) gú-edin-na*	champ du *Gú-edin*,
	egir Da-gi-a	derrière *Da-gi-a*
	60 10 3 2/3 4/18 gan	73 *bur*, 2/3 et 4/18 de bonne
	šig	terre
15.	*a-de-a*	irriguée.
	šab-ba lù-	De celà le bourgmestre
	mah ni-gub.	répond.
	giš]-sa dingir-úr	Portion de *Dingir-úr-*
	maš-tab	*-maš-tab*,
20.	*] 3 gan*	3 *bur* de bonne
	šig	terre,
	giš]-sa Dingir-kal	portion de *Dingir-kal*,
	] é-mah	] *é-mah*
	] edin-na	] *edin*
25.	*] gan šig*	] bonne terre,
	] 3 1/8 gan-x	] 3/18 de *bur* de terre x[3],

Colonne II

	5 1/3 gan šig	5 *bur* 1/3 de bonne terre ;
	a-ša(g) pú-pú lù-	champ à citernes des gens
	maš-gan-ki-ge-ne	de *Maš-gan* ;
	uku-uš tab-ba	les gens du délégué *Tab-ba-*
5.	*i-li-ge-ne*	*-i-li*
	ib-ku	ont pris en charge
	a-ša(g) Da-gi-a	le champ de *Da-gi-a* ;

1. Mot à mot : raboteuse, ondulée.
2. Mot à mot : comme les endroits à briques.
3. *gunu de sab;* peut-être est-il possible d'y reconnaître les éléments *ki+ut*, lecture *kislah*, valeur *nidûtu;* ce serait la jachère.

10 6 gan šig	16 *bur* de bonne terre,
10 5 x	15 *bur* de terre x,
2 2/3 gan sik-ki-dim	2 *bur* 2/3 de terre argileuse,
a-ša(g) gú-edin-na	champ de *Gú-edin*
igi dingir-Im-gi(g)-	devant *Im-gi(g)-*
babbar	*-babbar ;*
3×10 6 gan šig	36 *bur* de bonne terre
60 6 1/3 2/18 gan x	66 *bur* 1/3 et 2/18 de terre x,
9 1/3 1/18 gan x su(d) '	9 *bur* 1/3 et 1/18 de terre x défrichée,
6 gan sik-ki-dim	6 *bur* de terre argileuse,
1 gan a-kal	1 *bur* de terre marécageuse [2],
a-ša(g) A-ba-gal	champ d'*A-ba-gal ;*
4×10 4 gan x	44 *bur* de terre x,
10 gan x su(d)	10 *bur* de terre x défrichée,
10 2/3 gan sik-ki-dim	10 *bur* 2/3 de terre argileuse,
] *1/3 4/18 gan a-kal*	] 1/3 et 1/18 de *bur* de terre marécageuse.

Colonne III

A-ša(g) Uku nu-ti	Champ *Uku-nu-ti,*
bal-a Umma-ki	de l'autre côté d'*Umma ;*
10 6 3/18 gan x	16 *bur* 3/18 de terre x,
5 1/3 4 1/8 gan x su(d)	5 *bur* 1/3 et 4/18 de terre x défrichée,
3 gan sik-ki-dim	3 *bur* de terre argileuse,
a-ša(g) Uku-nu-ti	champ *Uku-nu-ti,*
bal-a-ri	de l'autre côté ;
10 3 1/3 5 1/8 gan x	13 *bur* 1/3 et 5/18 de terre x,
a-šag Ku-bi-lum	champ de *Ku-bi-lum ;*
2 2/3 1/36 gan šig	2 *bur* 2/3 1/36 de bonne terre,

1. *su(d) : erešu ;* c'est la jachère qu'on prépare pour la culture.

2. Mot à mot : eau, beaucoup ; il ne s'agit pas d'une terre bien irriguée ; elle figurerait en tête comme le terrain *šig ;* mais d'une terre qui a trop d'eau.

3/18 1/36 gan x su(d)	3/18 et 1/36 de *bur* de terre x défrichée,
1/3 3/18 gan šik-ki-dim	1/3 et 3/18 de *bur* de terre argileuse.
a-ša(g) É-maḫ	champ de l'*É-maḫ*.
Ur-dingir Sin	*Ur-dingir-Sin*
ù Ur-da-na	et *Ur-da-na*
ib-bu	les ont mesurés.
5×10 2 gan šig	52 *bur* de bonne terre,
10 2/3 2/18 1/36 gan x	10 *bur* 2/3 2/18 et 1/36 de terre x,
2×10 gan x sud	20 *bur* de terre x défrichée,
3×10 gan a-kal	30 *bur* de terre marécageuse,
2×10 4/18 gan sik-ki-dim	20 *bur* et 4/18 de terre argileuse ;
a-ša(g) Ka-ma-ri	champ de *Ka-ma-ri*.
6 2/3 4/18 2/36 gan šig	6 *bur* 2/3 4/18 et 2/36 de bonne terre,
5 gan x	5 *bur* de terre x.

Colonne IV

6 [	6 [
2 gan [	2 *bur* [
a-ša(g) [	champ [
3×10 7 2/3 [·	37 *bur* 2/3 [
5. *2×10 2 1/3 3/18 gan x*	22 *bur* 1/3 3/18 de terre x,
2×10 2 3/18 gan x su(d)	22 *bur* 3/18 de terre x défrichée,
10 1 gan a-kal	11 *bur* de terre marécageuse,
10 3 gan sik-ki-dim	13 *bur* de terre argileuse ;
a-ša(g) Dingir-Dun-pa-è	champ de *D.-Dun-pa-è*.
10. *10 4 1/3 2/18 gan šig*	14 *bur* 1/3 2/18 de bonne terre,
10 gan x	10 *bur* de terre x,

2×10 2 1/18 gan x su(d) — 22 *bur* 1/18 de terre x défrichée,

10 2 gan a-kal — 12 *bur* de terre marécageuse,

2×10 3 sik-ki-dim — 23 *bur* de terre argileuse;

15. *a-šag Dŭl azag-gi* — champ *Dŭl-azag-gi*.

10 gan šig — 10 *bur* de bonne terre,

60 lal 2/3 5/18 gan x — 60 *bur* moins 2/3 et 5/18 de terre x,

2×10 gan sik-ki-dim — 20 *bur* de terre argileuse;

a-ša(g) A-ka+šu — champ *A-ka+šu*.

20. *6 gan šig* — 6 *bur* de bonne terre,

6 1/3 lal 1/36 gan x su(d) — 6 *bur* 1/3 moins 1/36 de terre x défrichée;

a-ša(g) A-in-zu — champ de *A-in-zu*.

5 2/3 1/36 gan šig — 5 *bur* 2/3 1/36 de bonne terre,

1/3 gan sik-ki-dim — 1/3 *bur* de terre argileuse;

25. *a-ša(g) Dingir-nini Ab-ba dub-sar* — champ de *Dingir Nini; Ab-ba*, scribe.

REVERS. COLONNE I

3×10 1 1/3 2/18 gan [— 31 *bur* 1/3 et 2/18 de terre [

10 8 1/3 [ ] gan [4] šeš — 18 *bur* 1/3 [ ] de terre à [x] côtés égaux

a-ša(g) Lal-tur — champ *Lal-tur*.

3 1/3 5/18 1/36 gan šig — 3 *bur* 1/3 5/18 1/36 de bonne terre;

5. *a-ša(g) Da-gi-a* — champ de *Da-gi-a*.

10 3 1/3 4/18 gan šig — 13 *bur* 1/3 4/18 de bonne terre,

3 1/8 gan x su(d) — 3/18 de terre x défrichée,

gab a-ša(g) dingir Šara — culture du champ du dieu *Šara*

3 1/3 3/18 gan x — 3 *bur* 1/3 3/18 de terre x,

10. *a-ša(g) giš-sar gu-la* — champ de la grande plantation.

10 gan [	10 *bur* de terre [
4 1/3 5/18 gan x su(d)	4 *bur* 1/3 5/18 de terre x dé-
	frichée,
a-ša(g) A-urú	champ d'*A-urú*,
3×10 gan [	30 *bur* de terre [
15. *3×10 lal 1/3 3/18 gan*	30 *bur* moins 1/3 3/18 de
x	terre x,
7 1/3 4/18 gan x su(d)	7 *bur* 1/3 4/18 de terre x dé-
	frichée,
2 2/3 lal 1/36 gan sik-	2 *bur* 2/3 moins 1/36 de terre
ki-dim	argileuse;
20. *2/3 4/18 gan dŭl*	2/3 et 4/18 de terre pier-
	reuse;
a-ša(g) ki-bad	champ lointain.
10 4 2/3 3/18 gan šig	14 *bur* 2/3 3/18 de bonne
	terre,
10 gan x	10 *bur* de terre x,
25. *10 3 2/3 3/18 gan x*	13 *bur* 2/3 3/18 de terre x dé-
su(d)	frichée;
a-ša(g) Ki-bad.	champ *Ki-bad.*

REVERS. COLONNE II

] *a-ka qa* [	[*a-ka qa*
gan šig	] bonne terre,
] *1/3 2/18 1/36 gan x*	] 1/3 2/18 1/36 de terre x,
5. *2×10 gan x su(d)*	20 *bur* de terre x défrichée,
] *gan* [	] *gan* [
gan sik]-ki-dim	] terre argileuse,
a-ša(g) Pú-li	champ *Pú-li-la-gal.*
10. *la-gal* [	
4 gan šig	4 *bur* de bonne terre,
] *gan x*	] terre x;
a-ša(g) Er-dingir-Šara	champ *Er-d.-Šara.*
] *gan [1] šeš*	] terre en [ ] portions;

15. *a-ša(g) dingir-Šara*	champ du dieu *Šara*.
. . . .	. . . .
. . . .	. . . .
mu]bi-im	*mu] bi-im*
20. *Lù-dingir-Nin nagar-*	*Lù-dingir-Nin* charpentier-
bu-ma	géomètre,
ù Dingir-Šara-kam	et *Dingir-Šara-kam*,
ib-bu	les ont mesurés.

Pour les différentes sortes de terres, voir LEGRAIN, *Textes cunéiformes de la collection Louis Cugnin*. Paris, 1913, p. 17.

VOCABULAIRE

a-an : (lu : *ám*); cela fait, il y a, 57,10.

ab : ancien, titre porté par des personnages au service de
la divinité, 27, sceau.

a-ba : fourni, 11,16.

a-bi : celui-ci, celle-ci (dates).

a-de-a : irrigué, 100, col. I, 15.

a-du : pour, jusqu'à ; *adu 1 kam* : pour la première fois, 11 ;
31 ; 51.

ag : faire; *al-ag* : faire du défrichement, 80,3.

a-ka : à l'ordre de, 8,4.

a-kal : lamentation ; pleureur (?), 55,18,20.

a-kal : marécage (?), 100, col. II, III, IV.

al : creuser, défricher, 61,2 ; 81,2 ; 86,3.

    al-ag : faire du défrichement, 80,3.

    anšu-sal-al : ânesse fécondée, 82,5.

amar : petit d'un animal ; *amar máš-du* : petite gazelle, 20.

anšu : âne ; *anšu-bar-an* : mulet (?), 59,2.

      anšu-sal : ânesse, 82,5.

      anšu-uš : baudet, 39,3.

apin : laboureur, 29,1 ; 90,4.

    apin-lal : culture, labour, 11,13 ; 30,22.

ará : mouture, 34,12,15.

arad : serviteur, 54,48.

a-ša(g) : champ, 57,80,90,100, etc.

a-tir : variété de farine, 19.

á : salaire, loyer, 45,3 ; 86,2.

    á 1/3 : un tiers du salaire ordinaire, 49,19,21.

áb : vache, 92.

    áb-ku (utul) : vacher, 18,4.

ba : portion de… ; *še-ba*, 2 ; 23 ; etc. ; *túg-ba*, 79 ; *da-ba-a*, prélever *(našaru)* 11,13 ; 30,22.

bal : contribution régulière, 56,21 ;

    (tamû) affirmer, certifier, 21,6.

    franchir, traverser; *bal-a-ri*, de l'autre côté, 100, col. III.

bar-su-ga : ce qui est mis de côté, à part ; la bonne main, 87,6.

bár : *(parakku)* sanctuaire, 54,37.

bi : celui-ci, cet, leur.

    še-bi : cette orge, 43,2.

    pa-bi : leur chef, 54,50.

da : *(našu)* élever, 42, 8.

da-ba-a : prélevé, 30,22.

dim : comme, semblable à, 100,9, etc.

dím : construire (fréquent dans les formules de dates), 81,12, etc.

diri(g) : supplémentaire 45,3.

    nig-dirig : supplément, 43,3.

dub : tablette, reçu, compte, cachet : 14 ; 22 ; 38 ; 59 ; 88, etc.

    pisàn-dub-ba : bureau des archives, greffe, scribe, 64 ; 65.

    dub-sag : première tablette, 10,3.

    dub-sar : scribe, 38 ; 53 ; 54 ; 84, etc.

    ba-dub : il a fait le compte, 6, IV, 9.

dub : *(tabâku)* broyer, concasser ; *zid dub-dub* : farine fine, blutée, 19, 2.

du(g)-ga : bon, fin, frais.

    iá-nun du(g)-ga : beurre fin, 87,5.

dú(g)-ga : parole, évaluation, 3,3.

dug : *(karpatu)*, pot, 71 ; 87 ; 95.

dumu : fils, 49 ; 84 ; sens général de : homme de, attaché à, 29,31.

    dumu sal : fillette, 82,1.

dur-mal : (kal dur-mal) on lit aussi *sú-gà*, journalier, 61,1 ;
    80,1 ; 81,1 ; 86,2.

dŭ : faire, fabriquer, construire, (dates) 7, etc.

dŭl : accident de terrain, monticule.
    gan dŭl : terrain pierreux (?) 100,7 .

é..... ta : de chez..... 94,5.

egir : derrière, en arrière de, 100,11.

elteg : soude, 35 ; 36; 58; 71; 95; 97; 98.

en : prêtre, pontife, (dates) 12; 38; 65; etc.

gab : x, 32,2,7; 85,2,8.
    (pitu) défoncer, cultiver, culture, 100 R., col. I.
    portier, 95,5,10.
    ni-gab : id., 52,14.

ganam : brebis, 73,92.

gan : mesure de superficie, valant 100 *sar ;* 90,1, etc.

gar : nourriture, pain, 35 ; 36; 58; 71; 95; 96; 97; 98.

gar-ᶻu : (idŭ) savoir.
    lù-gar-ᶻu : le conseiller (?), 54,11.

gál-ni : celà est; d'où : c'est ainsi, c'est exact, celà a eu
    lieu, 65,5.

gi : roseau, 80,2 ; 70,1.

gig : froment, 93,5.

gim : servante, 49.

gin : fort, fermenté, 1 ; 35 ; 36 ; 56 ; 87.

gin : sicle, mesure de poids, passim.
    mesure de surface, 42.

gir : fonctionnaire responsable, 11 ; 12; 41 ; 42; 64, etc.

gir-nita : gouverneur, 19.

giš : bois.

giš-sa : cordeau, portion (?), 100,18.

gu : fibre, fil, brin, 83,2.

gud ou *gu(d)* : bœuf, 92.
    gud še : bœuf gras, 6.
    gud ú : bœuf d'herbage, 6.
    su-gud mu 3 : peau de bœuf de trois ans, 24,1.
    lù-gud-laḫ : conducteur de bœufs, 54,8.

gù et *gun* : redevance, 46,6.

       livraison, fois, 11,4.

gú : talent, mesure de poids, 51, etc.

gu-la : grand, 29,11.

gun : *(zibbatu)* queue, fouet.

      gun gud : fouet en peau de bœuf (?), 24,2.

gur : mesure de capacité, passim.

gûr : grenier, 5,6 ; 15,15 ; 46,4 ; 93,2.

gu-za : trône, 92,6.

ḫa-sú-da : x (?) 62 ; 66 ; 74 ; 77.

ḫar : broyer, concasser.

      é-ḫar : moulin, 22,2 ; 26,6 ; 39,4 ; 59,3 ; 75,3.

ḫúl : ravager.

      ba-ḫúl : a ravagé, a été ravagé ; passim.

      mu-ḫúl : a ravagé, 80, etc.

igi : devant, 100, col. II.

igi-gar : contrôle, contrôleur, 29 ; 49 ; 61 ; 81, etc.

      igi-gar-ag : id., 49.

il : lever, enlever, 38,4.

    ba-an-il : 48,7.

    ba-ab-il : a été apporté, 8,3.

iš : porte-épée, 26,8 ; 37 (sceau) ; 59,6 ; 92.

iá : huile, 35 ; 36 ; 58 ; 95 ; 96 ; 97 ; 98.

    iá-giš : huile végétale, 96,19.

    iá-šaḫ : saindoux, 96,15,20.

    iá-sag : huile raffinée, de premier choix, 98,15.

    iá-nun : beurre, 87,5.

id : canal, 5,7 ; 13,5 ; 46,4 ; 38,3 ; 86,2.

ka : embouchure d'un canal (?) 38,4.

kal : homme, ouvrier en général, 38 ; 49 ; 84.

    kal ša(g)-gud : bouvier, 29,2, etc.

    kal šú-gà : journalier, 61,1 ; 80,1 ; 81,1.

    kal al-ag : défricheurs, 80,3.

kalama : pays, 25,5.

kam : suit les noms de nombres pour en faire des ordi-

    naux.

kam : *(erešu)* être favorable ; *Dingir Šara kam* : le dieu
    Šara est favorable, 19,7.

kas : chemin, expédition, caravane, 6, III, 8,14 ; 19,3.

kaš : boisson fermentée, bière, 1 ; 35 ; 36 ; 56 ; 58 ; 71 ; 95 ;
    96 ; 97 ; 98.

kin-gi-a : *(lù)* messager, 56.

kin-til-la : travail fini, 33 ; 66 ; 77.

kislah : jachère (?) 100 col. I, 26.

ki-su : réserve (?), 10,5 (??) ; 29,11,18 ; 30,23 ; 76,5,8,11 ;
    89,14 (??).

ki...ta : de la part de, venant de.
    ki... même sens.

kud : couper, 80,2.

kù-babbar : argent, 51.

lal : moins, 14,2 ; 31,1,8 ; 74,1 ; 80,1.

lal-li : solde, reste, 51,2.

lal : *(ṣamadu)* lier, 9,2.

lal : peser, poids.
    ki-lal-bi : son poids est de..., 33 ; 60 ; 66 ; 74 ; 77.
    e-na-lal : ont été pesés, 53,24.
    in-lal : a pesé, 66.

lil : lever.
    a-lil : *(melu)* hauteur, 42,9.

lù : homme (plutôt l'homme libre par opposition au ma-
    nœuvre *(kal)*).
    lù-mah : fonctionnaire venant après le patési ; le bourg-
    mestre, 100,16.

maš et *máš* : petit bétail ; *maš-dub* : compte du petit bé-
    tail, 52,13 ; chevreau, 73.
        maš-gal : bouc, 6 ; *maš-gal-ú* : bouc d'her-
        bage, 6,I,4 ; *máš-du* : gazelle, 20.

maškim : chef des courriers, 20 ; 53, etc.

me : signe du pluriel, 68,4.

me : prêtre, 41 ; 86, sceau.

mer-uš : officier, délégué, 68 ; 100, col. II. (Lire *uku-uš*).

mu : année (passim).

mu : au nom de..., 22,5.

mu : boulanger.

    é-mu : la boulangerie, 1,25,26.

mu-túm : apport, a apporté, 6,IV,5 ; 20,2 ; 51,19 ; 63,4 ; 12,4.

má : bateau, 5 ; 89, etc.

    má a-si(g)-ga : chargement de bateau, 46,2 ; 89,2 ; 93,6.

má-laḫ : matelot, 93,11.

nagar : (nagaru) charpentier, 100, R. col. II.

na-kíd : berger, 51.

ne : marque du pluriel ; variantes : *ne,* 14 ; *e-ne,* 46 ; *ne-ne,* 77 ; *ne-me,* 54,58.

nig : compte, ordre ; *nig-dirig,* 43,3 ; *nig-gù-de,* 43,4.

nig-kú : nourriture,

ni-gál : a été apposé (en parlant du cachet), 22,7.

nig-šid-ag : réglement de comptes, 64,2.

nig-túg : (lubušu) vêtement, 40.

ni-gub : se tenir là, répondre de, 100,17.

ni-ku : a pris en dépôt, en charge, 6,IV,7 ; 91,7, etc.

    ib-ku : ont pris en dépôt, en charge, 100, col. II.

nim : troupe, 79,2.

nu-banda : officier, chef, 30 ; 37 ; 53 ; 84, etc.

    nu-banda gu(d) : chef de labour, 90,3.

nu-giš-sar : jardinier, 93,10.

pa : (aklu) chef, 29 ; 38 ; 42 ; 49 ; 54 ; 61 ; 80 ; 81.

pa-al : devin, voyant, chef de défrichement, 46,6.

pad (lù-pad) : le conjureur, 31.

par : giš-par : (saparu), filet, 9,1.

pa-te-si : n°s 13 ; 56 ; 68 ; 79 ; 94.

pú : (bûru), citerne, bassin, 9,8 ; 100, col. II,2.

ra : attributif ou phonétique, 45,2.

rim : courrier, 82,6, etc.

ša(g) : dedans, intérieur de... *ša(g)-dub-ba :* le dedans de la tablette (par opposition à l'enveloppe), 88,11.

sa(g)-bi-ta : là-dessus, 12,12 ; 52,12.

šab-ba, idem.

ša(g)-gal : nourriture, 26,2,5 ; 27,2 ; 32,8 ; 59,2.

ša(g)-gu(d) : bétail, employé au bétail (?) 2 ; 29 ; 38,1.

ša(g)-nig-ga-ra : ce qui fait fonds, capital, 12,11.

šam : le prix, 21,2.

še : orge, passim.

    še-ba : pitance, ration, 2 ; 23 ; 65 ; 75.

    še-bad : orge ancienne, 50.

    še-giš nu-rá-a : orge avec la paille, orge non mondé,
        67,2.

še : gras, à engraisser.

    udu še : mouton à engraisser, 27,2, etc.

šer : *(kaṣâru)* lier, 9,3.

šes : égal, côté (?), 100, R. col. I.

šid-lal : porte-x, 37,2.

šig : doux, agréable,

    se dit des boissons : 1 ; 35 ; 36 ; 56 ; 58 ; 71, etc.

    se dit du terrain : 100.

šinig : jeune palmier, 49,24.

šu : pour, 38,2.

    jusqu'à, y compris, 4,11 ; 47,8.

šú : installer, introniser, inaugurer (dates), 38, etc.

šu-ba-ti : il a reçu, il a pris livraison, 16 ; 57, etc.

šú-gà : journalier, 61,1 ; 80,1 ; 81,1 ; 86,2.

šu-ḫa : pécheur, 30,4,16.

šu-la-ḫa : nettoyer, purifier, 79.

šunigin : total : 1 ; 12 ; 35 ; 36 ; 58 ; 71 ; 95 ; 96 ; 97 ; 98.

šu-nir : emblème, 19,3 ; 63,1.

šutug se lit aussi *gudu* : prêtre, 84, sceau.

sa : filet, lanière, ce qui est tressé.

    sa-gud : lanière en cuir de bœuf (?) 24,3.

    sa-gi : natte de joncs, 21 ; 37 ; 83.

    sa-má : natte servant de voile (?) 83,2.

    giš-sa : cordeau, portion, 100,18.

sag : premier.

    dub-sag : 1re tablette, 10,3.

sag-nig-ga-ra : capital, 8,2.

sal : déterminatif du féminin, préposé ou postposé.

    dumu-sal : fillette, 82,1.

    anšu-sal : ânesse, 82,5.

    sal-gin, lu : *gim* servante, 49,1.

sangu : prêtre, 13,6.

sar : mesure de superficie, 42,1,5 ; 61,2 ; 80,2.

sá-dú(g) : offrande habituelle, contribution régulière, ration régulière, 13 ; 15 ; 16 ; 17 ; 32 ; 47 ; 57 ; 85 ; 94.

sib : pasteur, 51.

    sib-úz : chevrier, 18,11.

sig : laine, 40.

si(g)-ga : rempli, versé.

    má a-si(g)-ga : bateau chargé, 46,2 ; 67,6 ; 89,2 ; 93,6.

simug : forgeron, 1 ; 33 ; 74.

    simug-ne-ne : les forgerons, 77.

sig (libittu) : brique (se lit aussi *sík*), 100,9.

    sík-ki-dim : argileux (?) 100,9.

sil : agneau, 6 ; 20 ; 92.

    sil-ga : agneau de lait, 91,2.

    sal-sil-ga : agnelle de lait, 91,3.

su : peau.

    su-gud : peau de bœuf, 24,1.

    su-udu : peau de mouton, 44,1.

su : revenu.

    su-ga : revenu, 51,2.

    su-su-dam : en revenu, 45,3.

su(d) : *(erešu)*, défricher, 100, col. II.

suhur : sorte de poisson, puis : poisson, en général, 9,3.

sukkal : intendant, 35 ; 54 ; 56.

    sukkal-mah : le grand intendant, le vizir.

sum : *(šûmu)* oignon, 35 ; 36 ; 58 ; 95 ; 96 ; 97 ; 98.

ta : distributif : *al-6-sar-ta*, pour défricher chacun 6 *sar* ; 61,2 ; 80,2.

2-qa-še-ta : à 2 *qa* d'orge chacun, 84,1,3.

provenance ;

depuis ; *itu-ri-ta :* depuis le mois de *Ri*, 47,7.

tah : *(eṣepu)* revenu, 55,14,16.

   tah-ḫu : idem., 28,3 ; 55,22.

til : complet, total, fini.

   kin-til-la : travail fini, 33.

túg : laine, vêtement, 51.

   túg uš-bar : pièce d'étoffe, 60 ; 79.

   nig-túg : vêtement, 40.

ú : herbe, 38,4.

   herbage, prairie, 6,I,3,4.

   ú-da : couper, enlever les herbes (?) 54,29.

   ú-il : idem. (?) 38,4.

   ú-sa : plante (?) sève d'une plante (?) 71 ; 87 ; 95.

udu : mouton, 52 ; 73 ; 87.

   udu še : mouton gras, 27 ; 32 ; 85 ; 92.

   udu ú : mouton d'herbage, 6,I,3.

   su-udu : peau de mouton, 44,1.

   lû-udu še : berger des moutons gras, 54,46.

uku-uš : voir *mer-uš*.

urudu : cuivre.

   urudu-kin : pièce de cuivre travaillée, 33,62.

   urudu ḫa-sú-da : x (?) 62 ; 66 ; 74 ; 77.

   urudu nig-saḫar(ra), cuivre en minerai, en gre-
     naille ; *(epiru)* 53.

usar : (šéttu) 89,14.

us-sa : qui suit, après (dates).

uš-ku : prêtre, 84,1,4.

uš-ki (?) 95.

u-tu-da : nouveau né, 91,3.

utul : vacher, 18,4.

ûg : mort, *(ba-ûg)*, 73,4.

úr-(ra) : (eṣeru) cultiver, 49,24

úz : chèvre, 78,1.

   sib-úz : chevrier, 18,11.

zabar : (ud-ka-bar) cuivre, 16 ; 88 ; 20 ; 92.

zag : commencement.

    zag-mu : commencement de l'année, 23,10 ; 75,2.

zag : première qualité, 98,15.

zag : taxe, 65,2.

    zag dú(g)-ga : rôle des taxes (?).

zid : farine.

    zid-gu : farine de millet, 87,3.

    zid-še : farine d'orge, 87,4.

zi(g)-ga : enlevé, dépensé, 56,21.

ZIZ : amidonnier, 39,2 ; 93,4.

    ZIZ-bad : amidonnier ancien, 13,4.

ba-zi(g) : id.

      ki-x-ta ba-zi(g) : dépense de x, 20.

      ba-ra-zig : a dépensé, 90,5.

NOMS PROPRES DIVINS ET HUMAINS

A-a-kal-la, 35; 44.
A-al-ni, 1.
A-an-na-mu, 47.
A-ba-gal, 100.
Ab-ba, 100.
Ab-ba-mu, 64; 94.
Ab-ba-ša(g)-ga, 20.
A-bil-a, 97.
A-bu-ni, 58.
A-da-lal, 6; 97.
Ad-da, 45; 53.
Ad-da-mu, 30.
A-du-mu, 41; 83.
A-ga-ša-ka-á, 53.
A-gu-a, 80.
A-gu-gu, 11; 60; 68.
A-ḫa-ma-ti-(lü), 41.
A-ḫu-ni, 58; 97.
A-ka, 98.
A-ka-dū, 54.
A-kal-la, 10; 11; 24; 30; 37; 44; 89; 94.
Al-la-mu, 97.
Al-lu, 34.
A-lul-lul, 1; 17.
Ama-bár-absu, 54.
A-ma-a, 61.
A-nim-iḫ, 63.

Arad, 4; 7; 14; 15; 16; 17; 22; 26; 27; 30; 43; 47; 57; 59; 66; 67; 86; 88; 93.
Arad-ḫu-și, 72.
D.-Arad-kal, 35.
Arad-mu, 6; 89.
Arad-d-Nanna(r), 58.
A-til-a, 37.
A-tu, 50; 64.
Azag-d-Nanna(r), 95.
Á-ki-na, 34.
Á-nin-mà-ta, 41.
Á-zi-da, 23.
Ba-ba-a, 41; 58.
D.-Babbar, 37; 54.
D.-Babbar-du(g), 87
Ba-da-da, 31.
Bar-ra-ni-šu, 54.
Bar-[54.
Ba-šá(g), 45; 89.
Bà-ša-ilu, 56.
Bur-d.-še-zid-nun-bu, 54.
Da-a-a, 51.
Da-a-ga, 80.
Da-a-gí, 49.
Da-da, 30; 62; 84.
Da-da-a, 1; 48; 70.

Ur-nigin-gar, 7; 9; 11; 18; 31; 37; 68; 74; 77; 79.
Ur-d.-Ninâ, 35.
Ur-d.-Nin-a-zu, 58.
Ur-d.-Nin-mar-ki, 52.
Ur-d.-Nin-tu, 49.
Ur-d.-Nun-gal, 18; 99.
Ur-dingir-ra, 26; 27.
Ur-d.-Sin, 10; 12; 22; 30; 40; 83; 100.
Ur-šà(g), 31.
Ur-šig-ga, 94.
Ur-d.-šu-an-na....., 55.

Ur-d.-Tu, 54.
Ur-ú-GÚG, 34.
Ur-ur, 54.
Ur-d.-ušum(?), 54.
Ur-x-ma....., 55.
Ur-d.-Sara, 25; 54; 84; 99.
Uš-gid-da, 12.
Uš-mu, 49.
Zabar, 20.
Zabar-ku, 92.
Zu-ba-ga, 52; 78.
Zu-gà-ra, 86.

J'ai fait suivre d'un point d'interrogation les noms propres dont la lecture matérielle est rendue incertaine par l'état de la tablette, et ceux qui ne peuvent être classés que provisoirement parmi les noms propres. C'est ainsi que *Bar-ra-ni-šu, Na-ga-ab-tùm, Ra-a-dub-nu-ra,* etc., sont peut-être des expressions qui trouveront leur explication par la suite.

NOMS DE LIEUX, DE PAYS, D'ÉDIFICES

A-ba-gal (*a-ša*(*g*)), 100, col. II.
A-in-zu (*a-ša*(*g*)), 100, col. IV.
A-ka+šu (*a-ša*(*g*)), 100, col. IV.
An-ša-an (*ki*), dates.
A-si(*g*)*-giš-*(*ki*) (?), 59.
A-urú (*a-ša*(*g*)), 100, R. col. I.
Da-gi-a (*a-ša*(*g*)), 100, col. II, R. col. I.
Da-nu-sar-ra (*ša*(*g*), (?), 82,2.
Dŭl-azag-gi (*a-ša*(*g*)), 100, col. IV.
D.-Dun-pa-è (*a-ša*(*g*)), 100, col. IV.
É-an-ta, 50.
É-ap-zu, 53.
É-a-šig-tur, 10.
É-bá-ša, date.
È-da-gub-ba (*a-ša*(*g*)) (*id*), 100, col. I.
É-gi, 13,4.
É-gir (*id*), 38,3.
É-inimma-dingir, 67,5.
É-ki, 31.
É-ku-dib (?), 27,3.
É-mah, 34,12.

É-mah (*a-ša*(*g*)), 100, col. III.
É-pa-è, 54,31.
Erida (*ki*), dates.
Er-d.-Šara (*a-ša*(*g*)), 100, R. col. II.
É-sag (?), 45, sceau.
É-sal-me-gal, 16,5.
É-še-ka+x-ka-il (?), 41.
É-šu-tùm, 17; 22; 47.
Ganhar (*ki*), dates.
Gir-(*zu*), 99.
Giš-sar gu-la (*a-ša*(*g*)), 100, R. col. I.
Gú-edin, 7,4; 43,5; 50,4,11; 100, col. I, 10, col. II.
Hu-uh-nu-ri (*ki*), dates.
Ká-dingir-(*ki*), 52,6.
Ka-ma-ri (*a-ša*(*g*)), 100, col. III.
Ka-ma-zu-(*ki*) (*a-ša*(*g*)), 57.
Ki-an-ki, 26; 93.
Kimaš (*ki*), dates.
Ku-bi-lum (*a-šag*)), 100, col. III.
Lal-mah (*a-ša*(*g*)), 10,6; 29,12; 30,20,23; 68,5; 69,12; 89,14; 29,11.

Lal-tur (*a-ša(g)*), 100, R. col. I.

Lugal (*id*), 13,46.

Lu-lu-bu(ki), dates.

Mar-tu, l'amorrite, 56.

Maš-gan(ki), 100, col. II.

Me-en-kár (*a-ša(g)*), 61,5.

Muš-bi-an-na (*a-ša(g)*)), 49, 25; 50,12.

Nibru(ki), 5,3; 46,3; 50,10; 88,7; 93,6.

D.-Nini (*a-ša(g)*)),100,col.IV.

D.-Nin-ŭr-ra (*a-ša(g)*)), 81,8.

Ni-si(g) (*a-ša(g)*)) 80,10.

Pù-li-la-gal (*a-ša(g)*)), 100, R. col. II.

Sa-bu-um(ma), 56.

Si-ma-num, dates.

Si-mu-ru-um, dates.

Sir-pur-la, 86, sceau.

Ša-aš-ru-um-(ki), date.

D-Šara (*aša(g)*)), 30; 100, R. col. I, II.

Še-ti-ir-ša-(ki), 6.

Tur (*a-ša(g)*)), 90,9.

Uku-nu-ti (*a-ša(g)*)), 100, col. III.

Umma, 88,4; 89,13; 100, col. III; 28, sceau.

Ur-bil-lum(ki), dates et 6.

Za-ab-ša-li(ki), date, 6.

TABLETTES

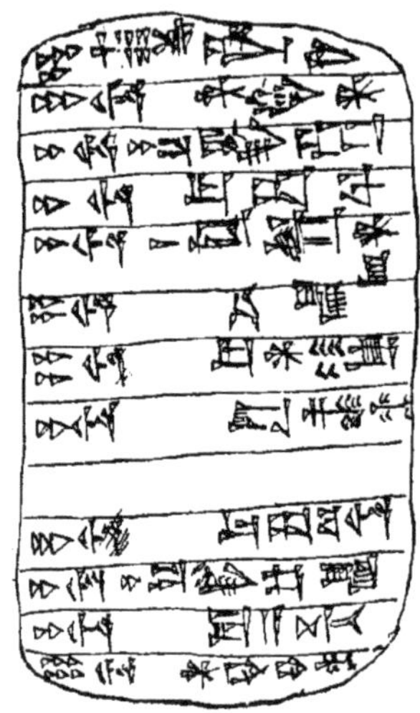
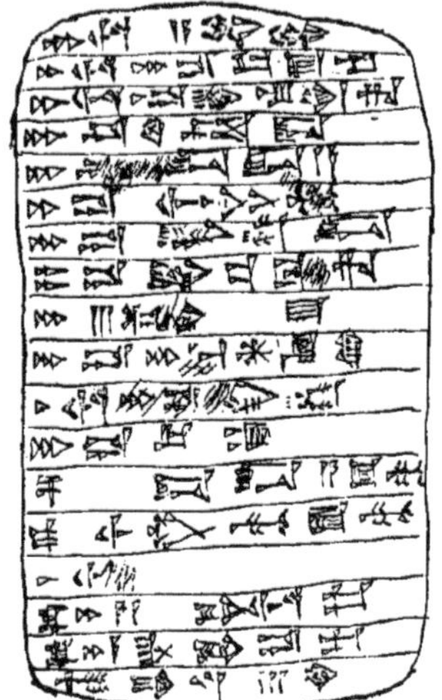

1 (p. 31)

2 (p. 3)

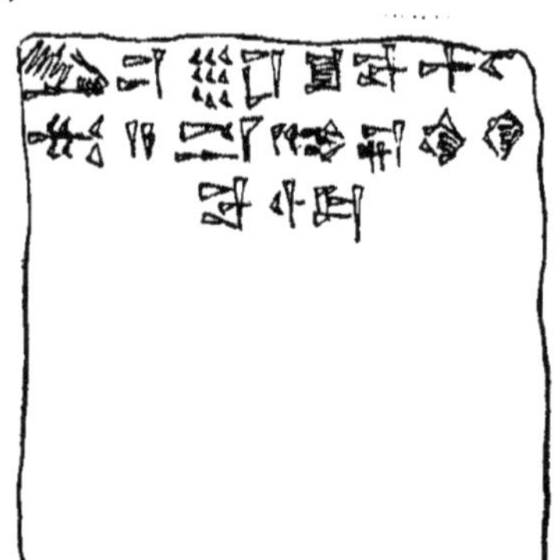

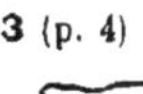

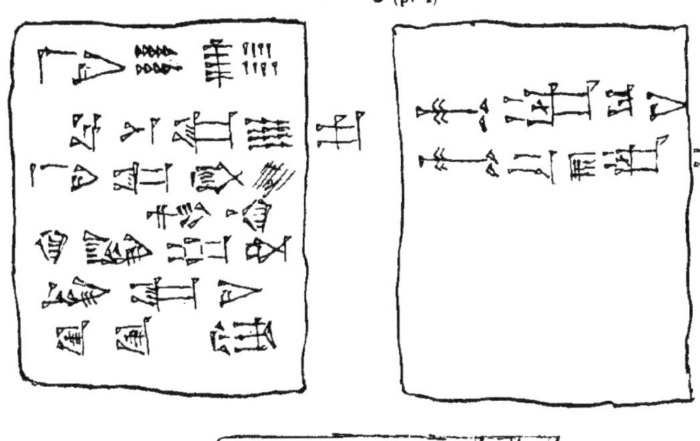

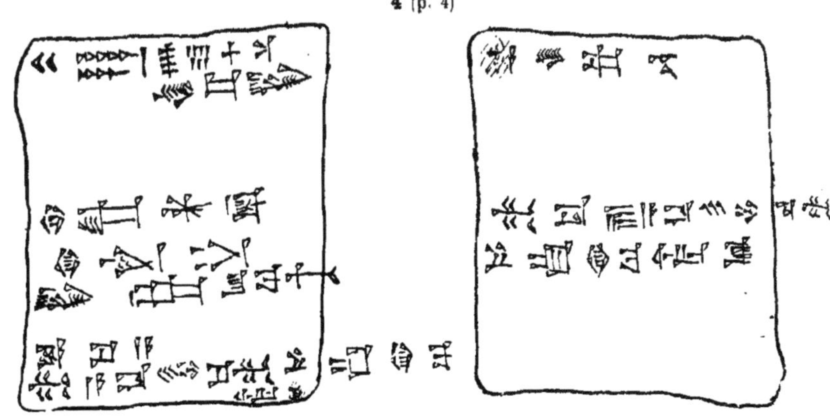

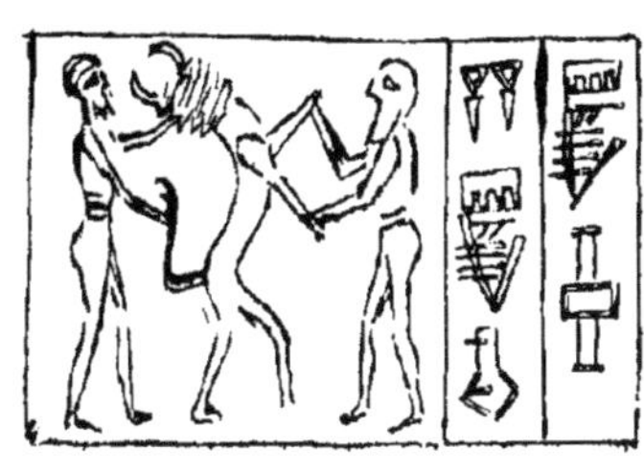

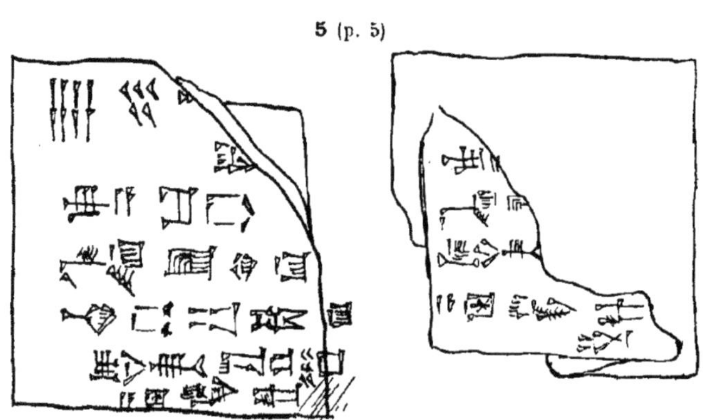

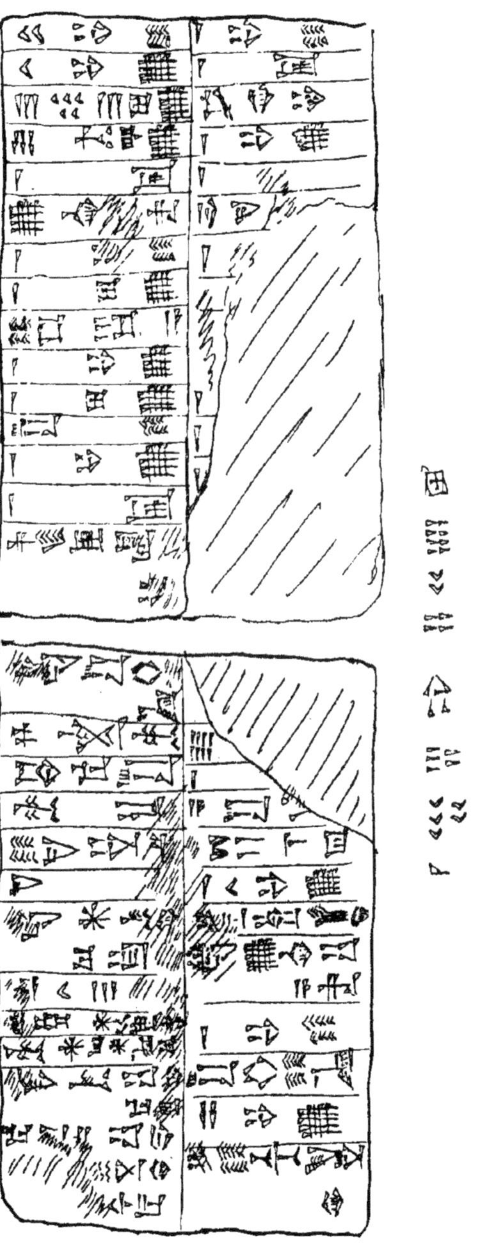

7 (p. 5)

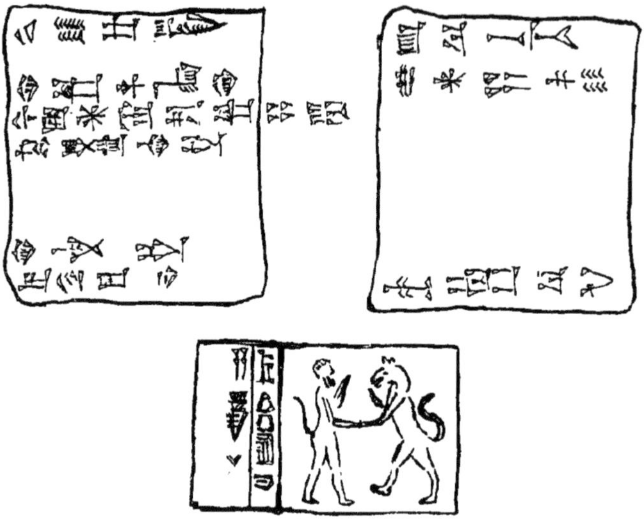

8 (p. 75)

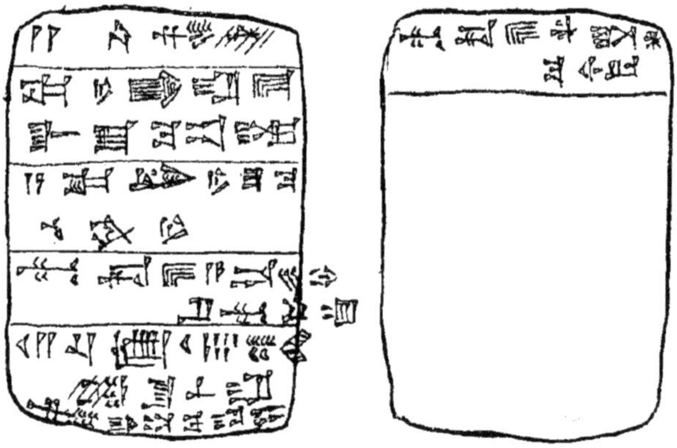

9 (p. 65)

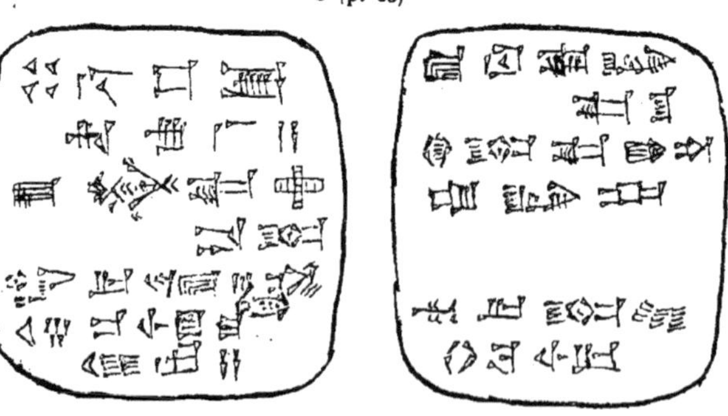

10 (p, 6)

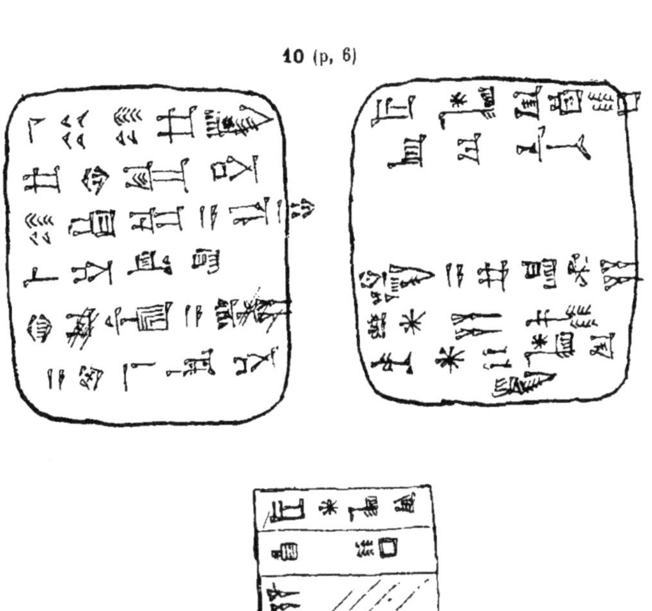

11 (p. 7)

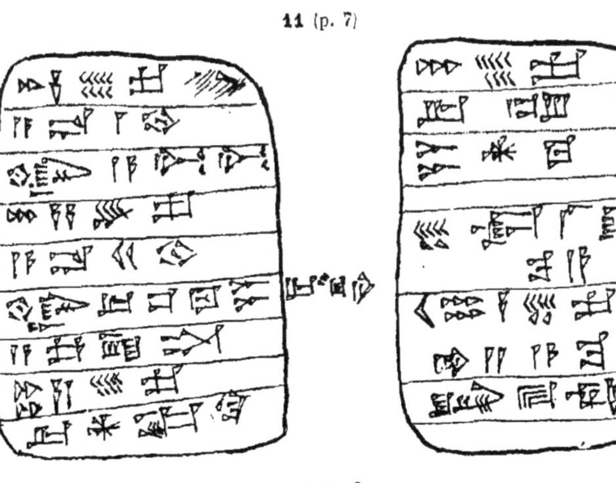

12 (p. 8)

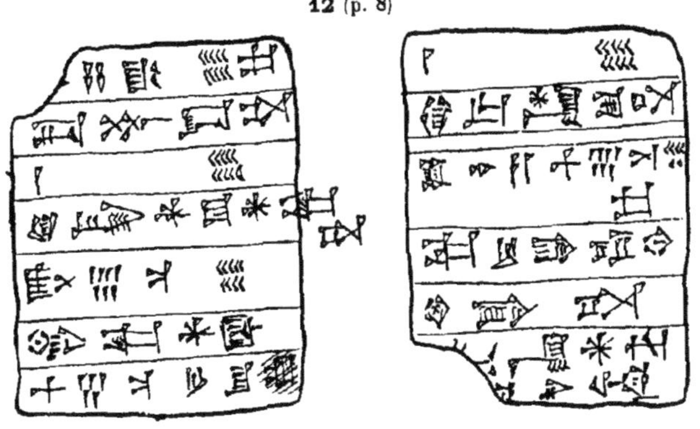

13 (p. 8)

14 (p. 9)

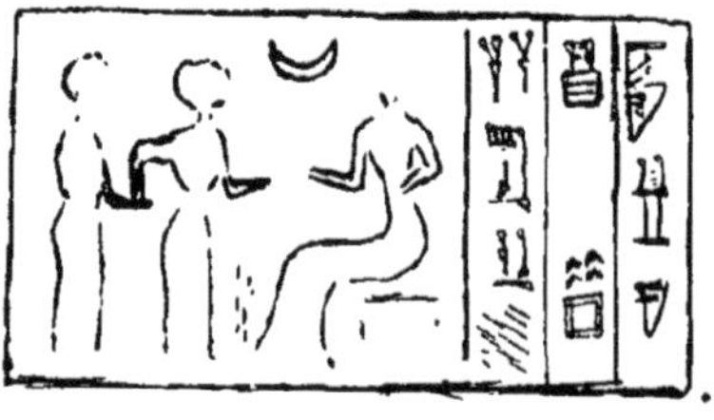

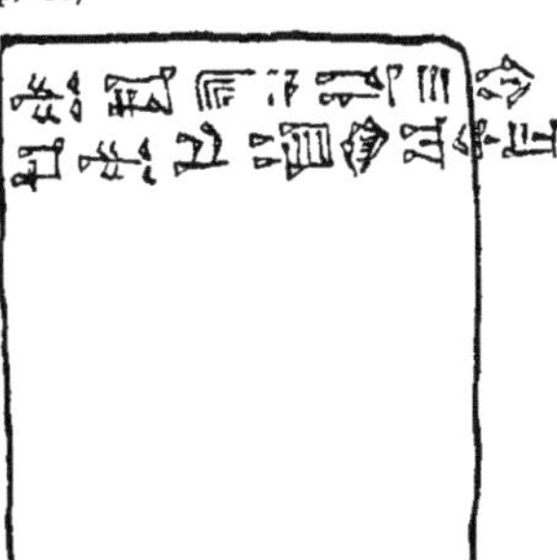

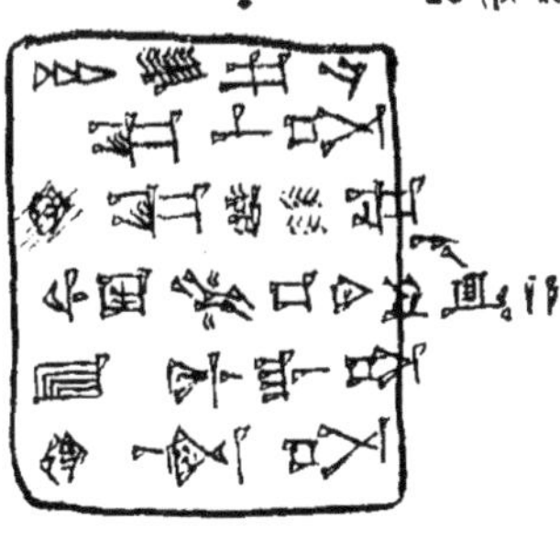

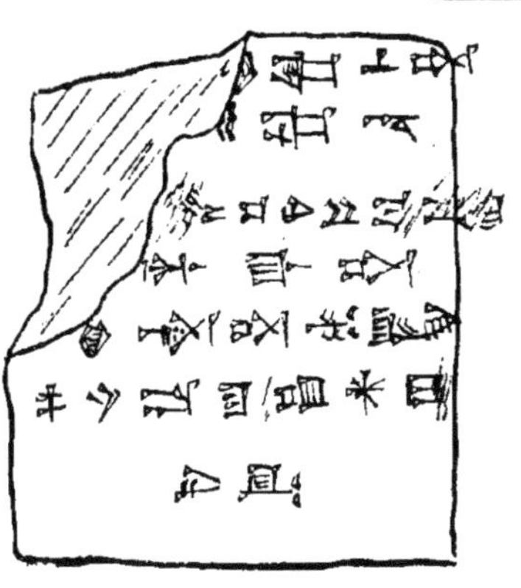

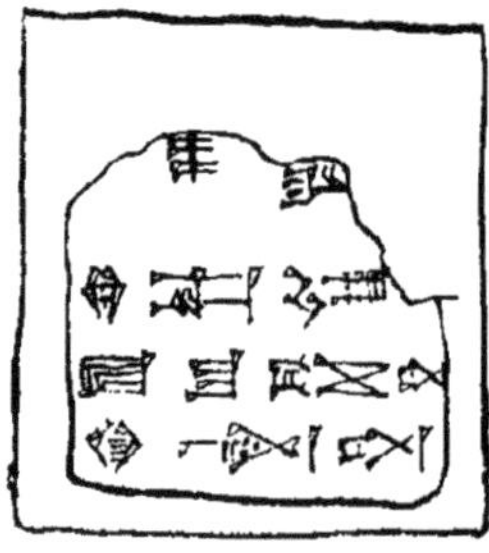

18 (p. 12)

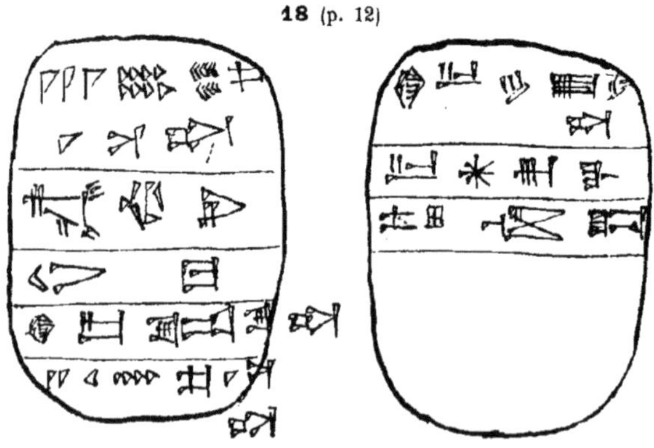

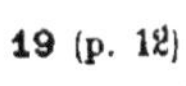

19 (p. 18)

20 (p. 50)

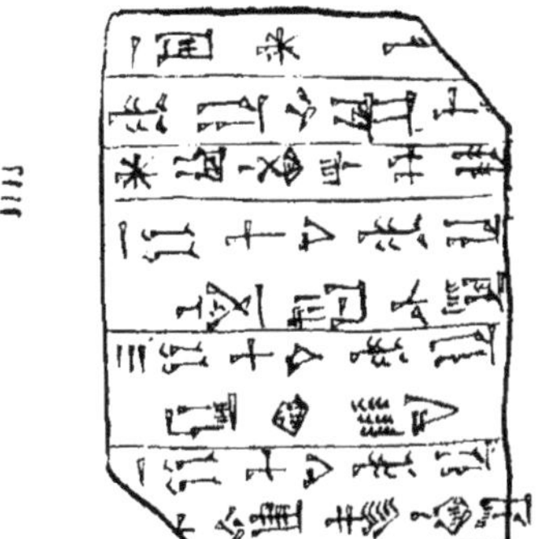
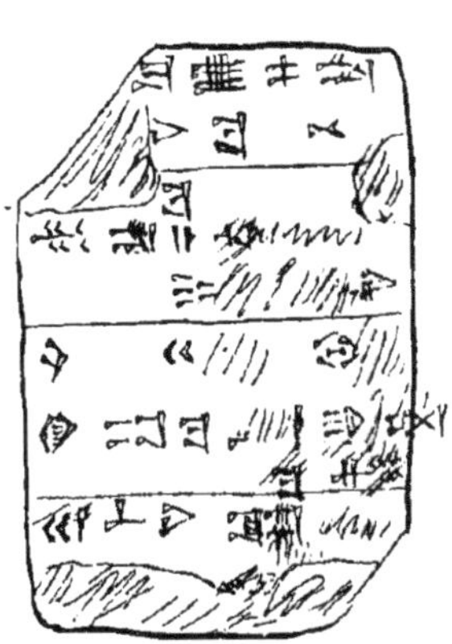

21 (p. 56)

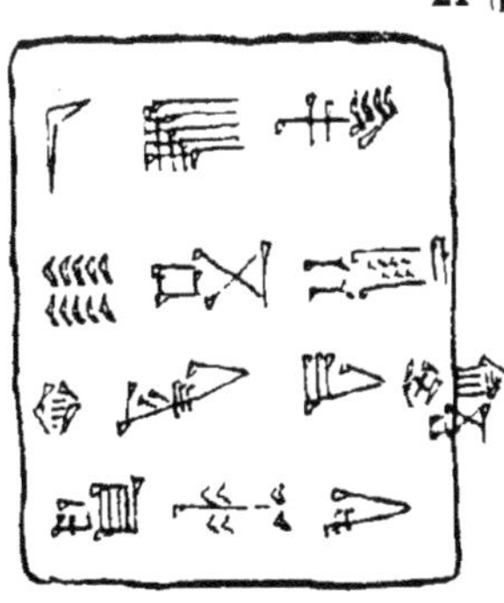

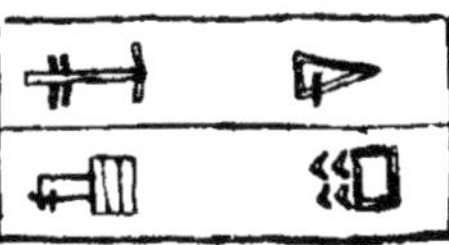

22 (p. 13)

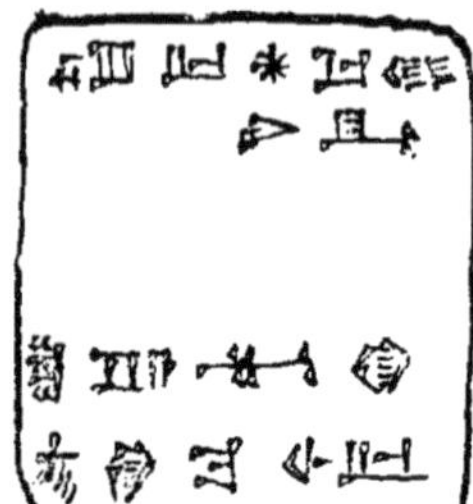

23 (p. 13)

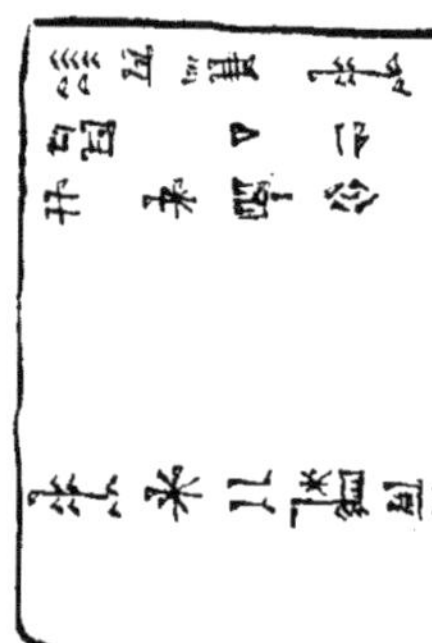

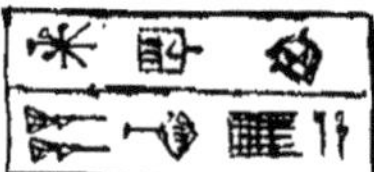

24 (p. 51)

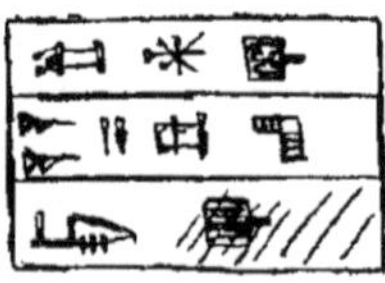

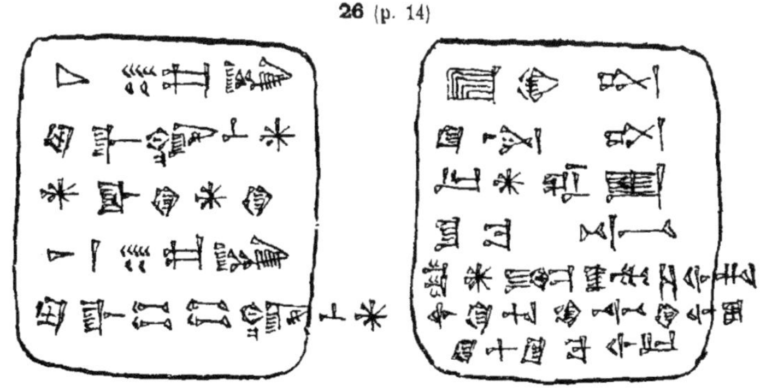

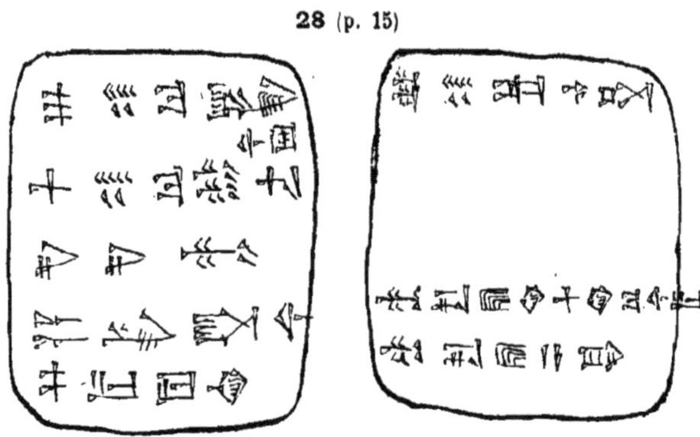

29 (p. 67)

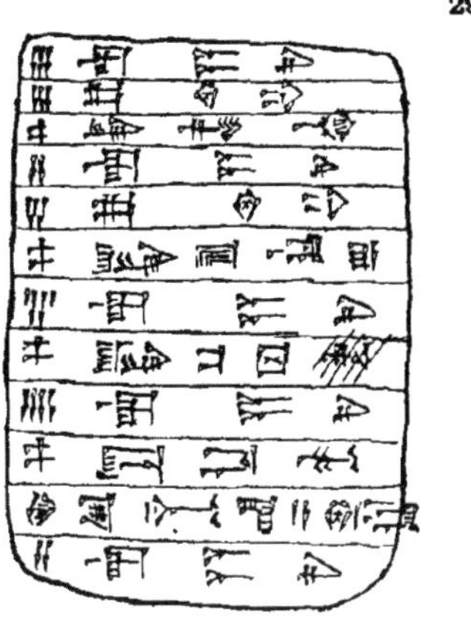

30 (p. 16)

31 (p. 17)

32 (p. 51)

33 (p. 61)

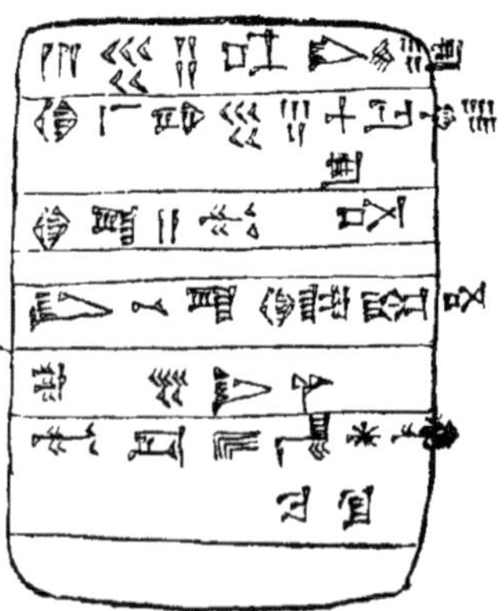

34 (p. 18)

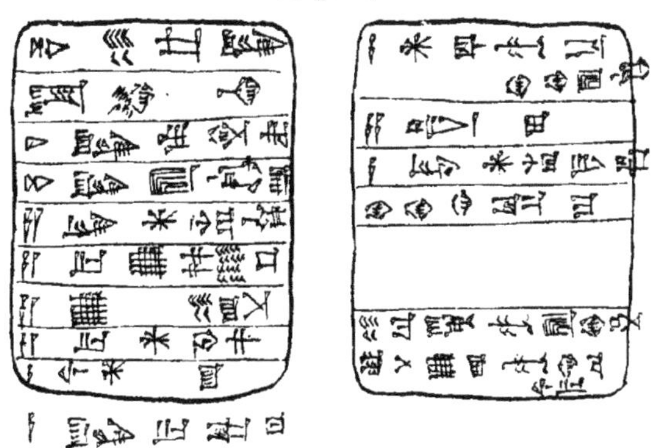

35 (p. 32)

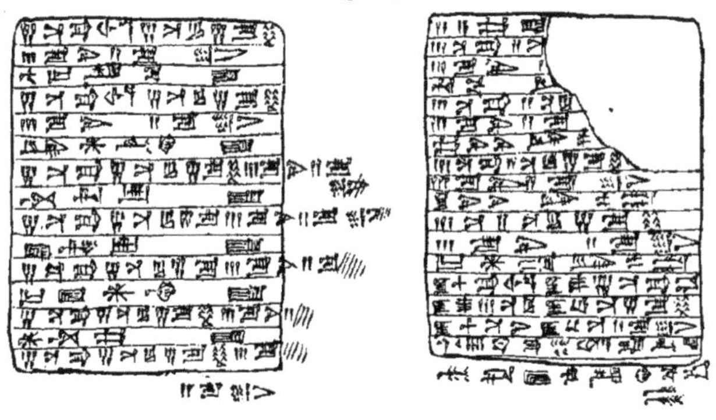

36 (p. 34)

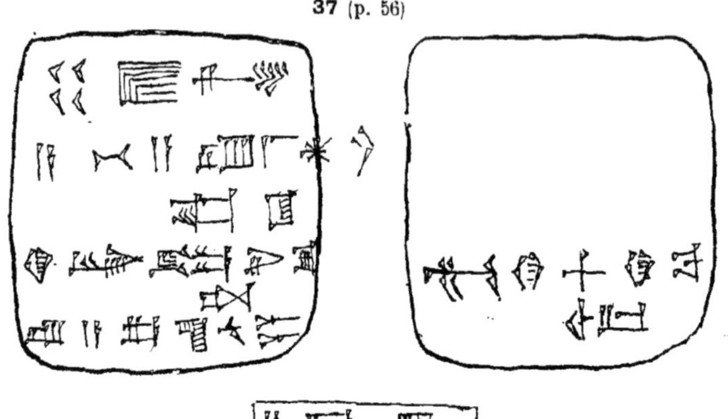

37 (p. 56)

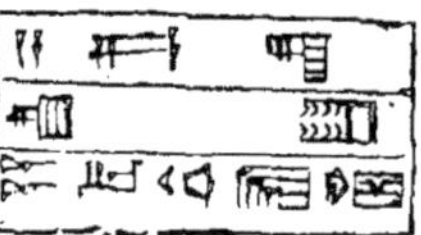

38 (p. 68)

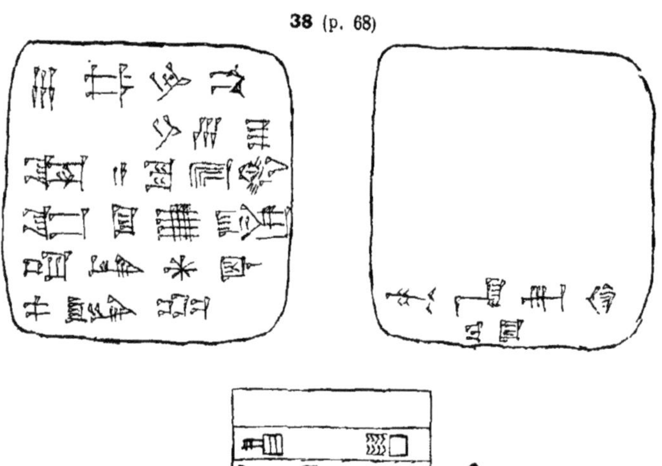

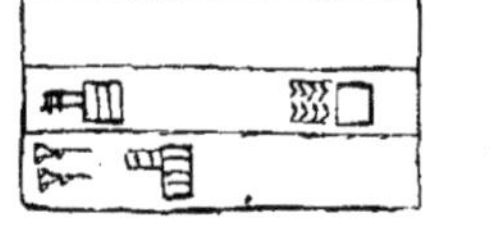

39 (p. 19)

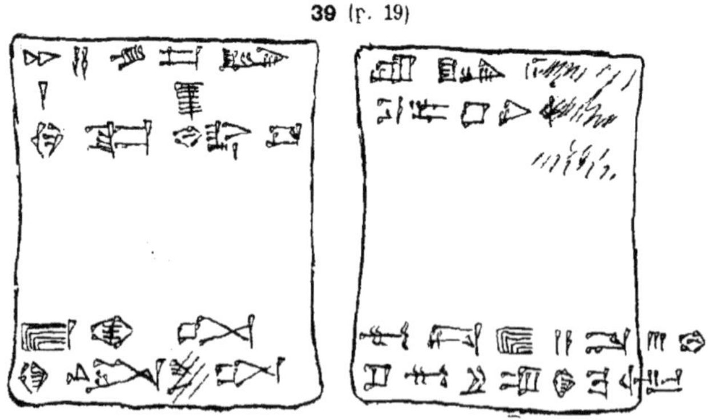

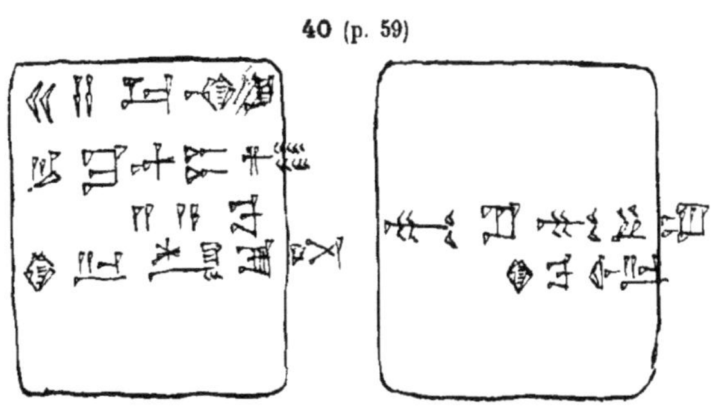

40 (p. 59)

41 (p. 19)

42 (p. 65)

43 (p. 20)

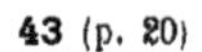

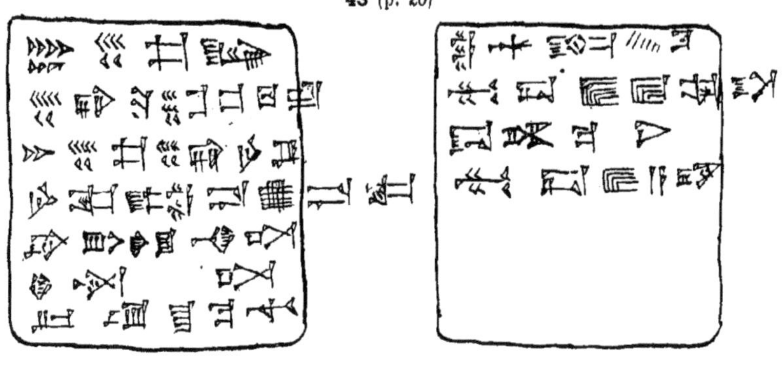

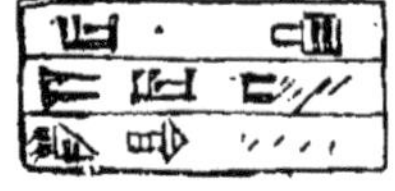

44 (p. 52)

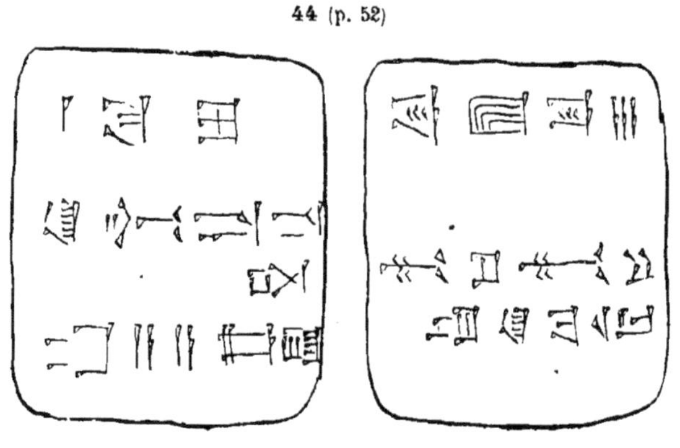

45 (p. 75)

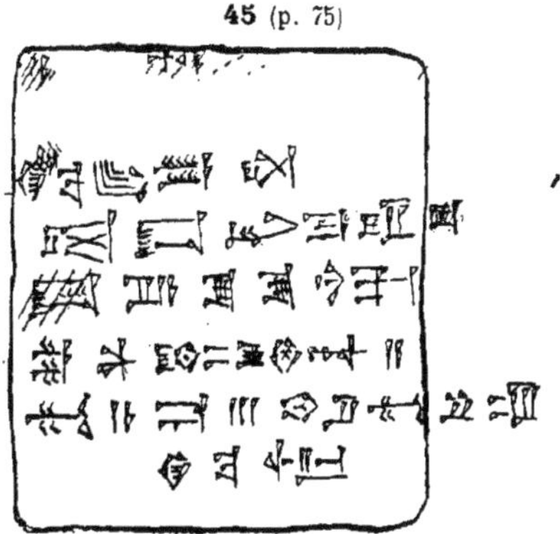

46 (p. 21)

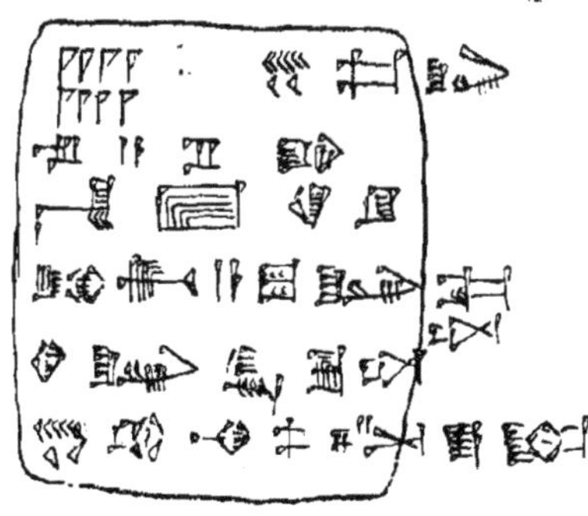

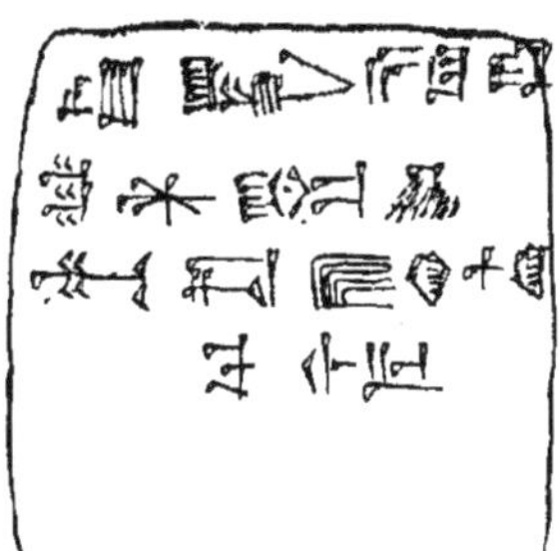

47 (p. 21)

48 (p. 22)

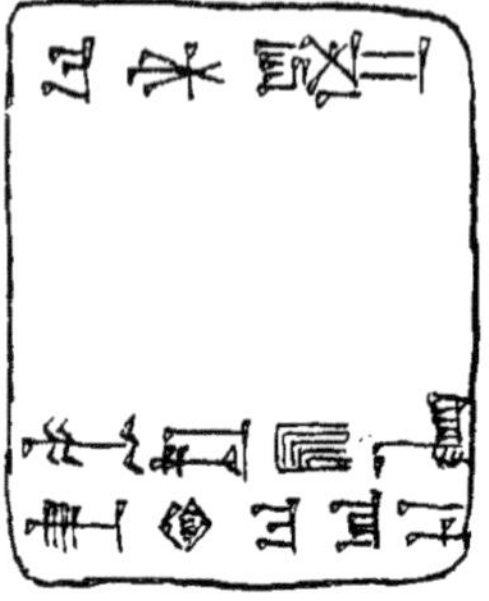

49 (p. 68)

50 (p. 22)

51 (p. 59)

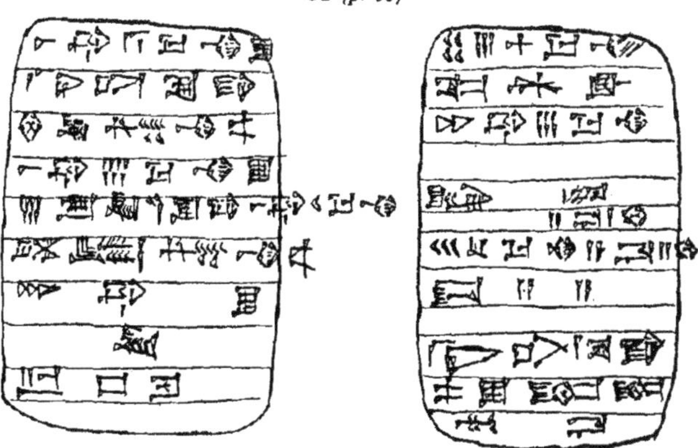

52 (p. 52)

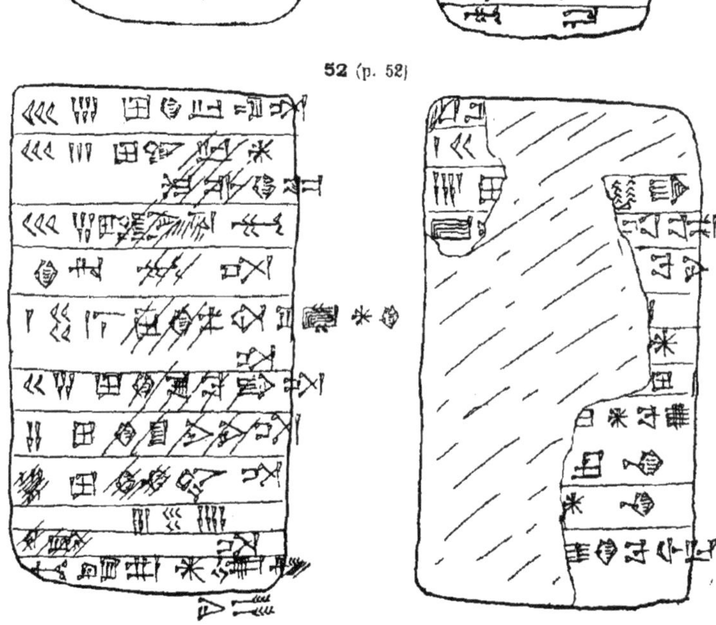

53 (p. 62)

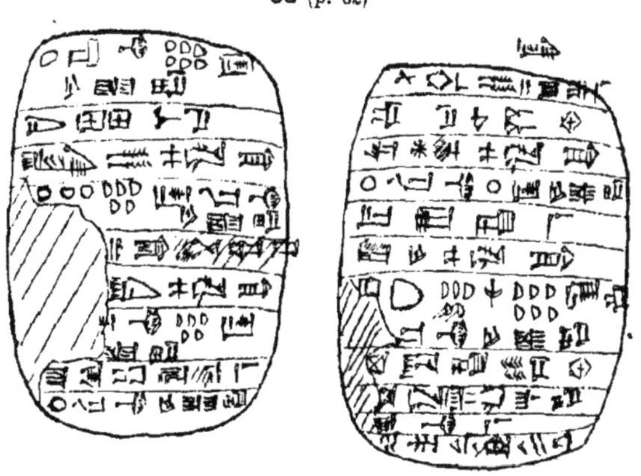

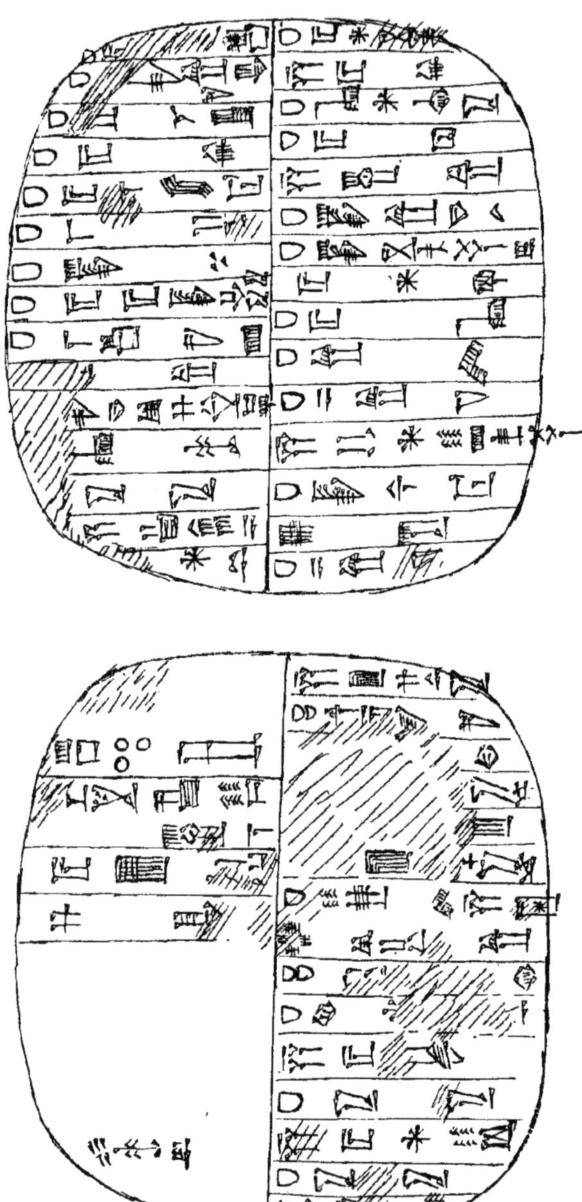

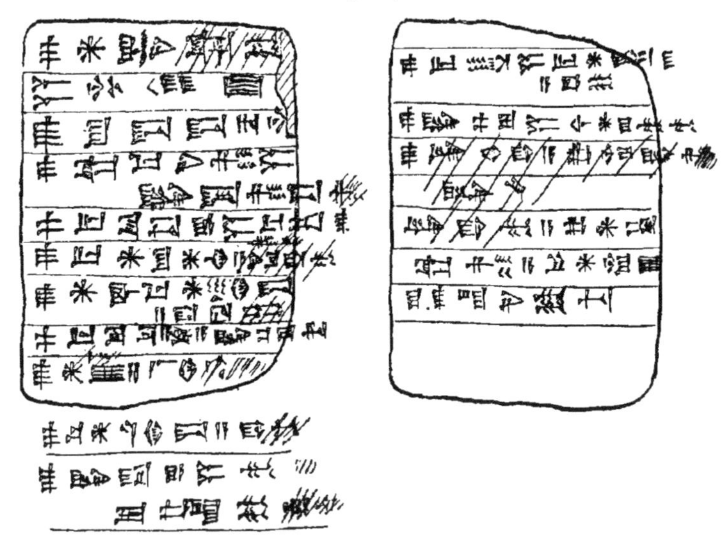

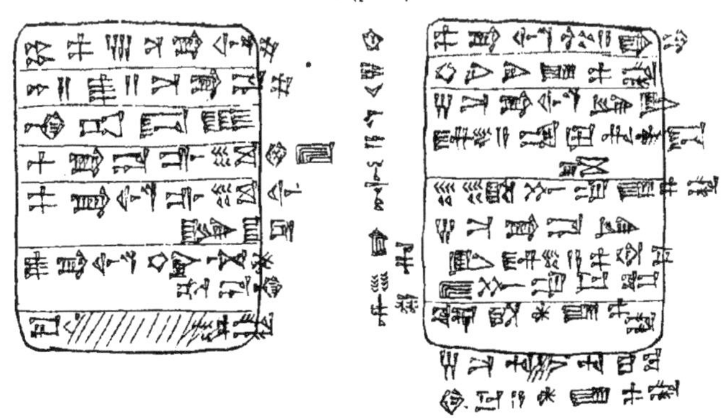

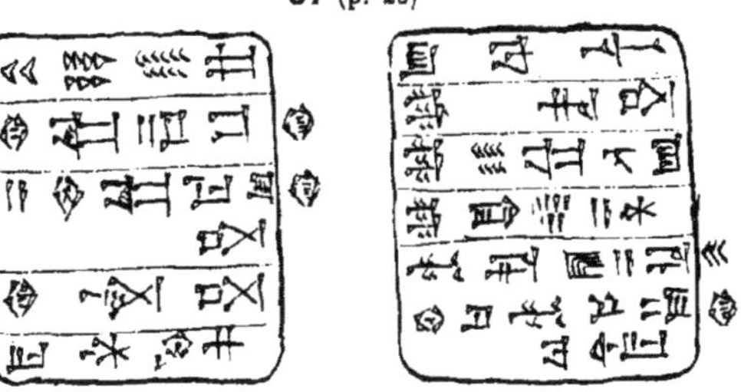

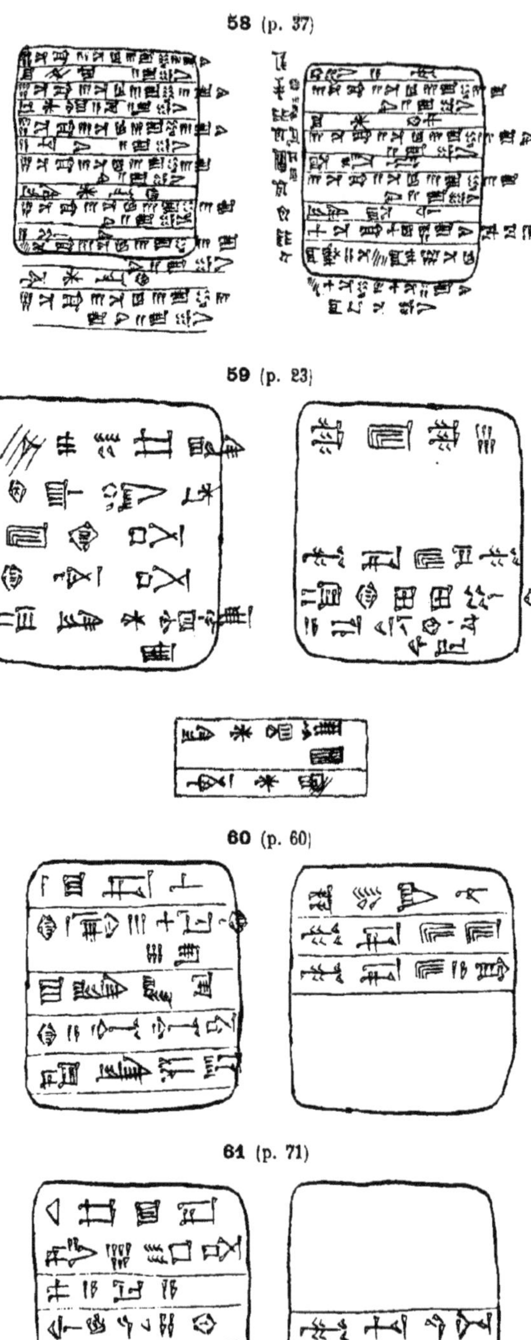

58 (p. 37)

59 (p. 23)

60 (p. 60)

61 (p. 71)

· 62 (p. 63)

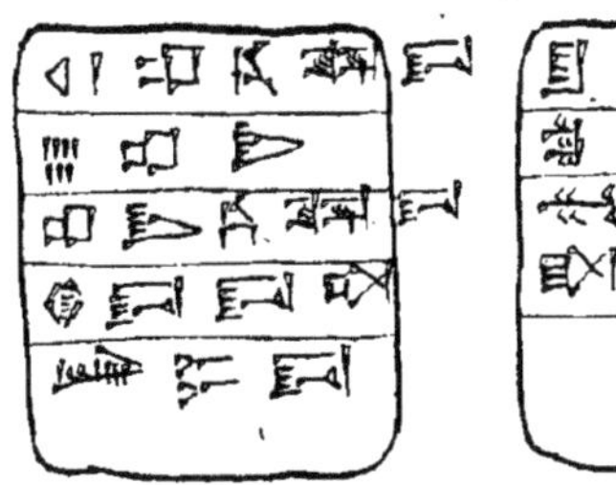 

63 (p. 53)

64 (p. 74)

65 (p. 74)

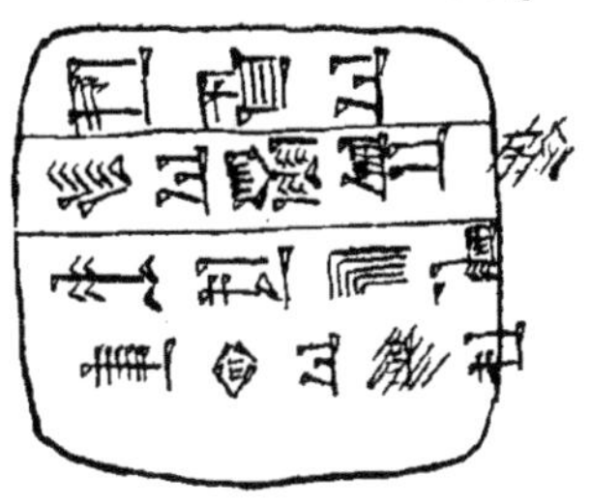 

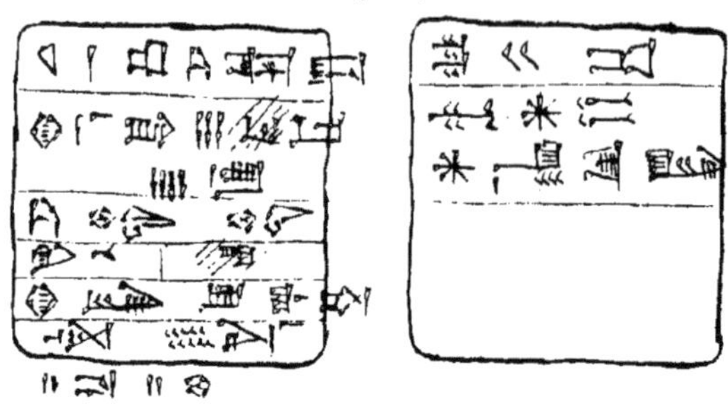

66 (p. 63)

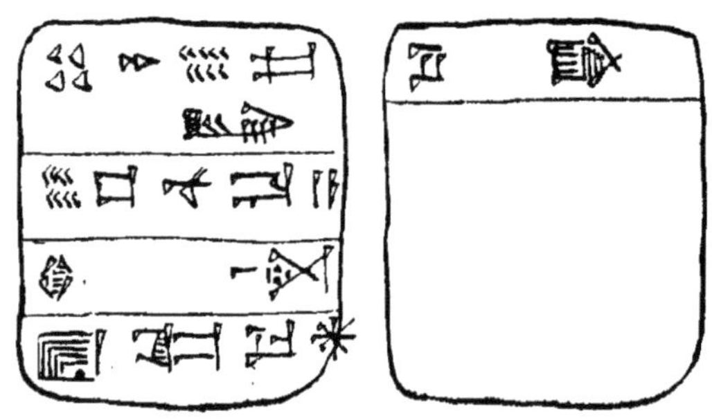

67 (p. 24)

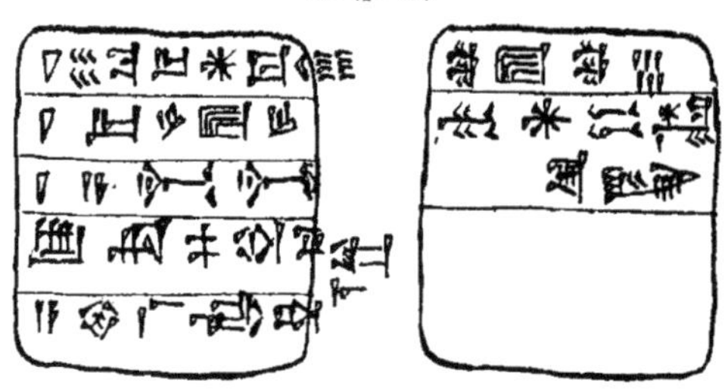

68 (p. 24)

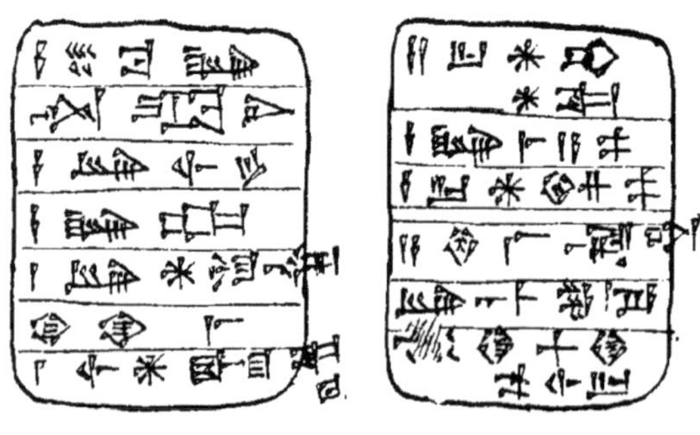

69 (p. 25)

70 (p. 57)

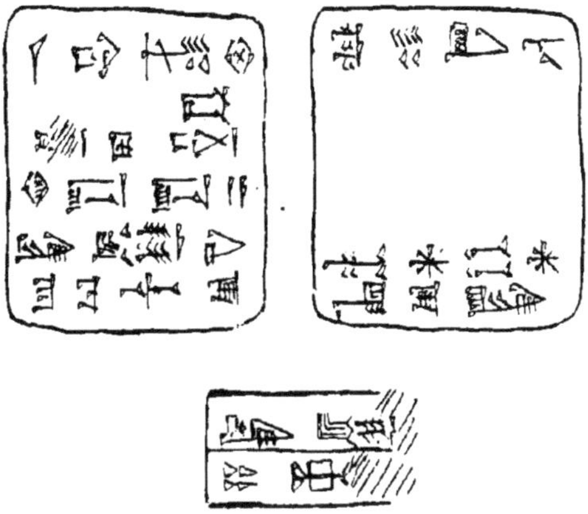

71 (p. 39)

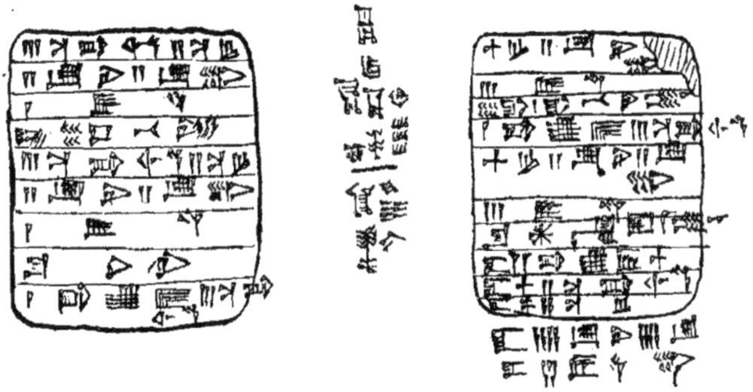

72 (p. 25)

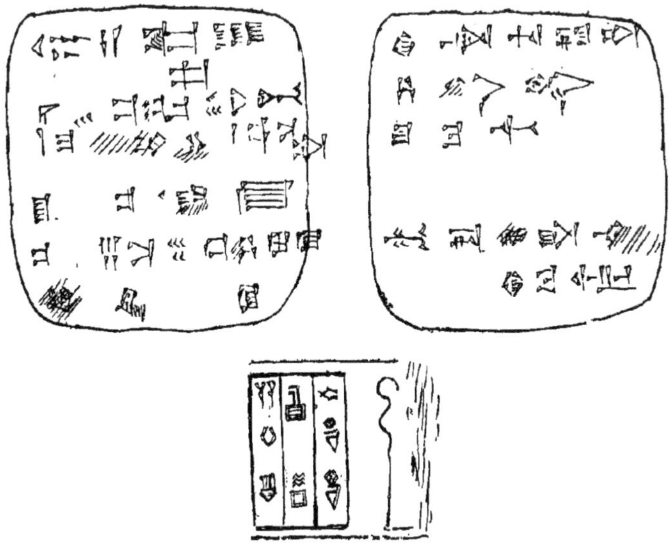

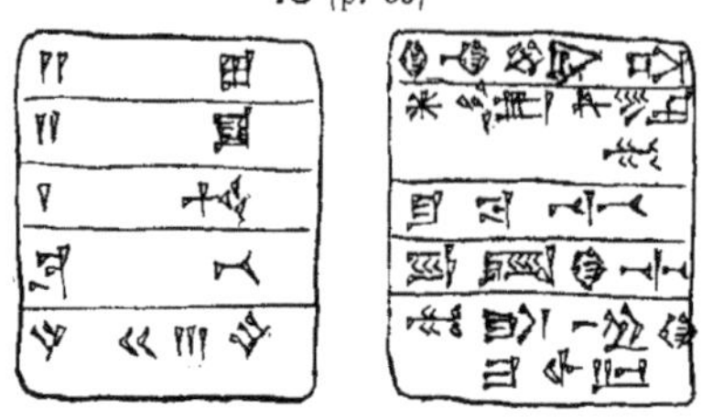

73 (p. 53)

74 (p. 64)

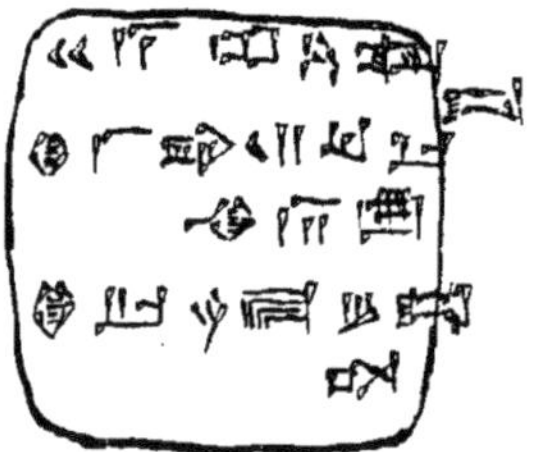

75 (p. 26)

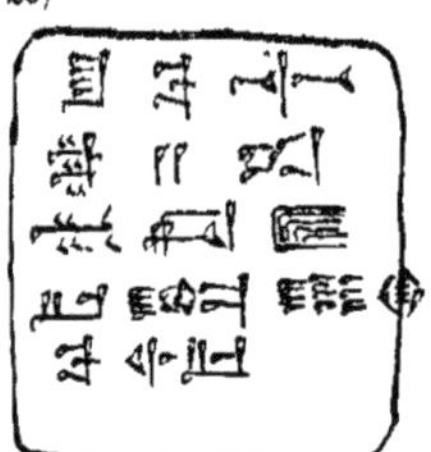

76 (p. 26)

77 (p. 64)

78 (p. 54)

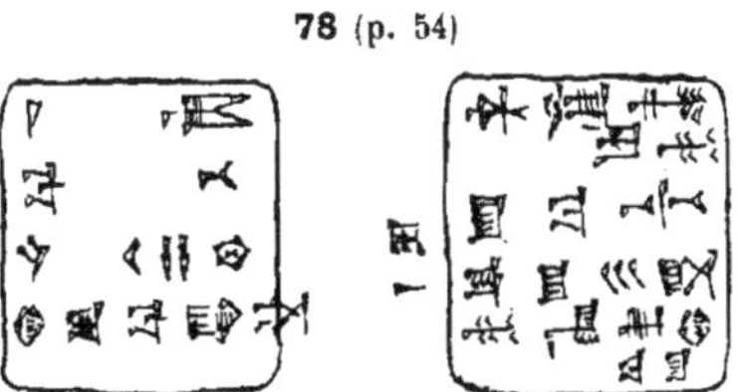

79 (p. 60)

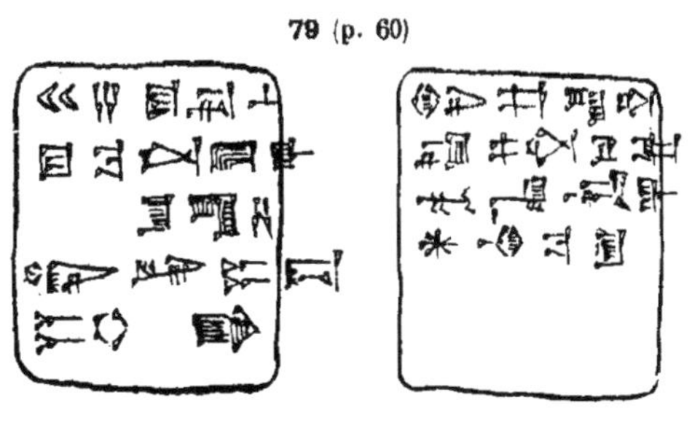

80 (p. 71)

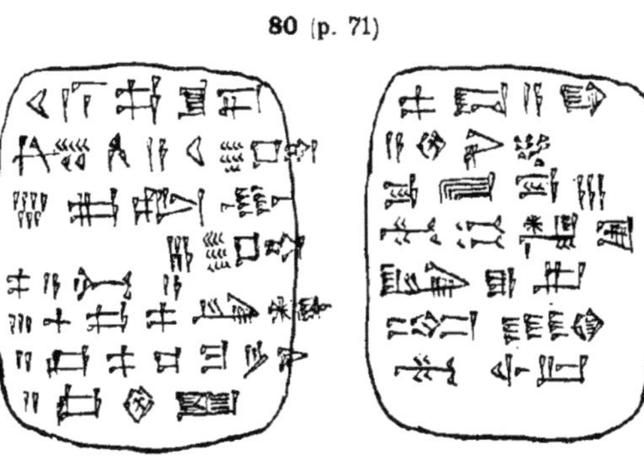

81 (p. 72)

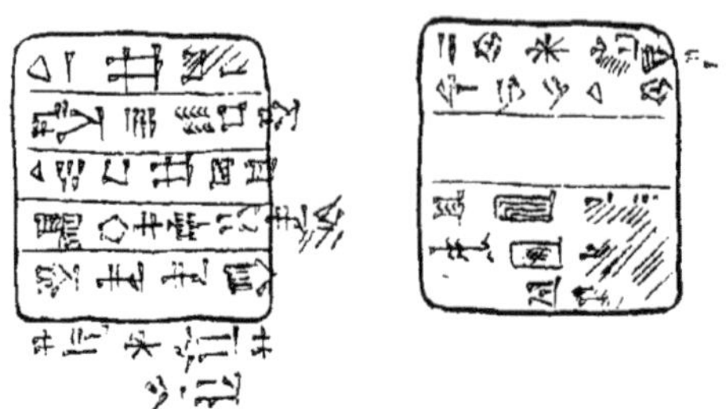

82 (p. 73)

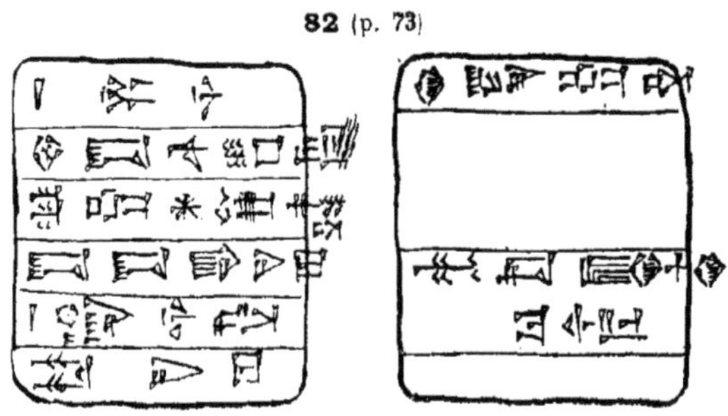

83 (p. 57)

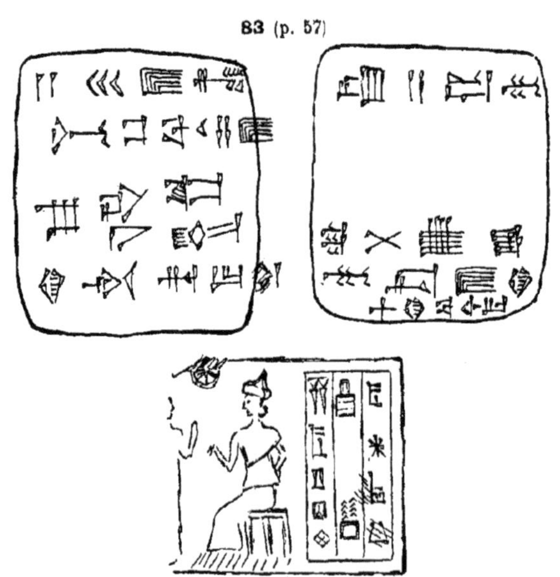

84 (p. 73)

85 (p. 54)

86 (p. 27)

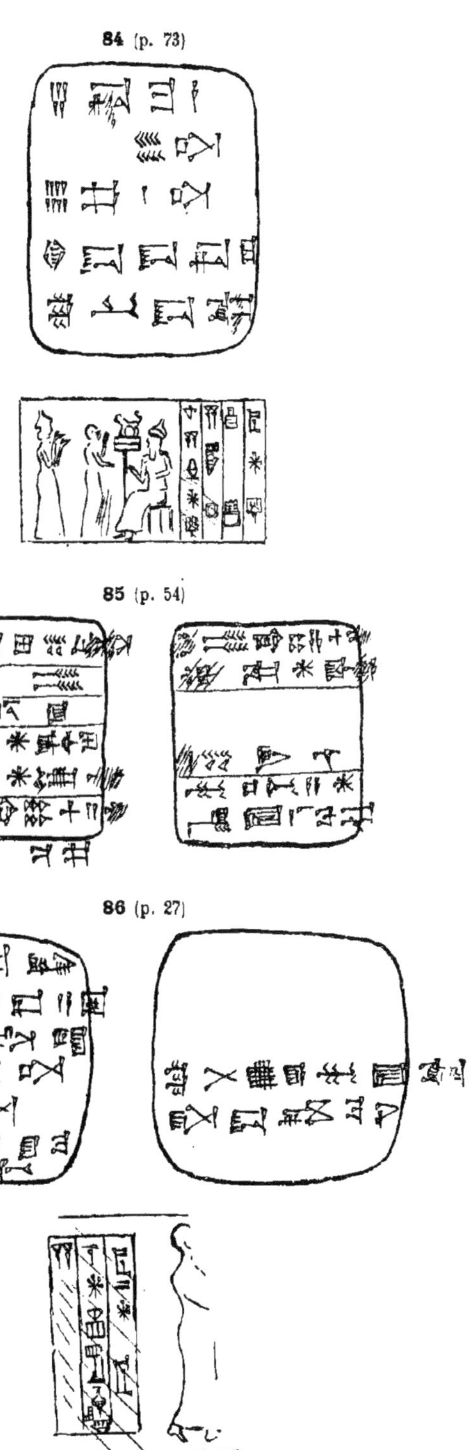

87 (p. 40)

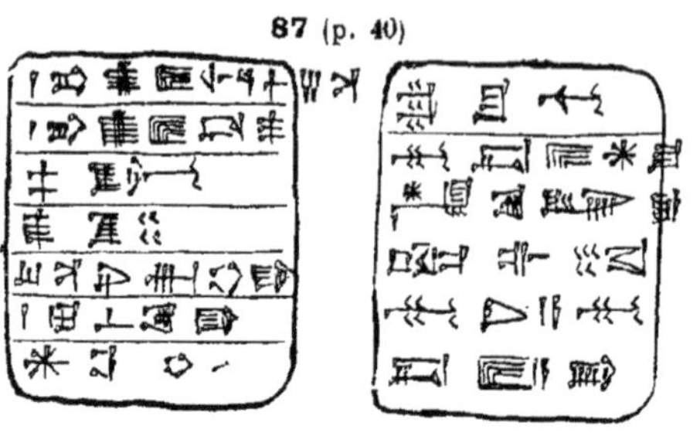

88 (p. 28)

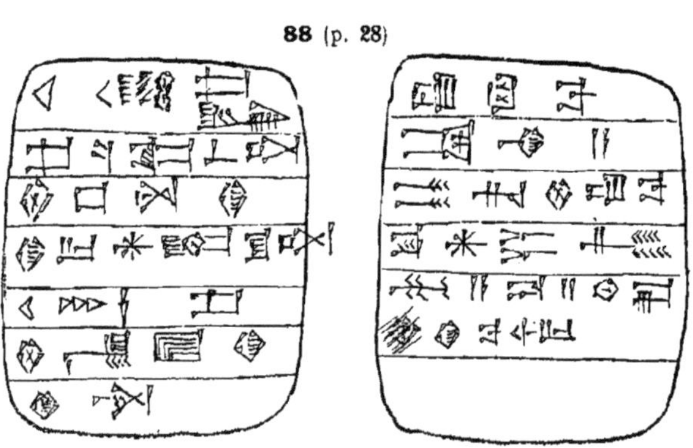

89 (p. 28)

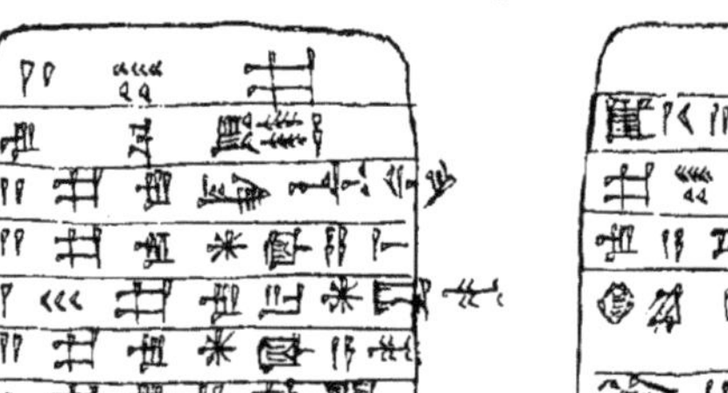

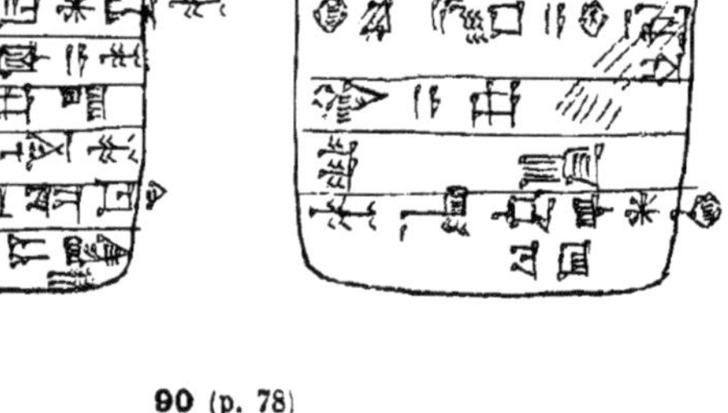

90 (p. 78)

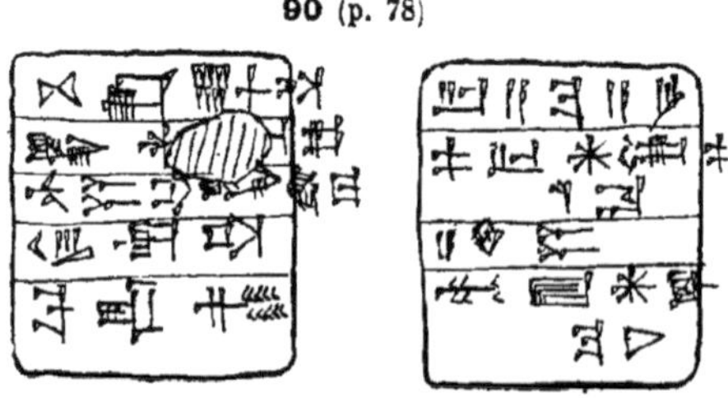

91 (p. 55)

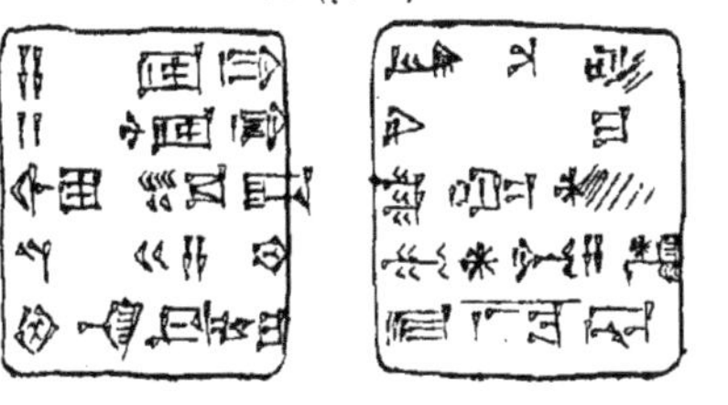

92 (p. 55)

93 (p. 29)

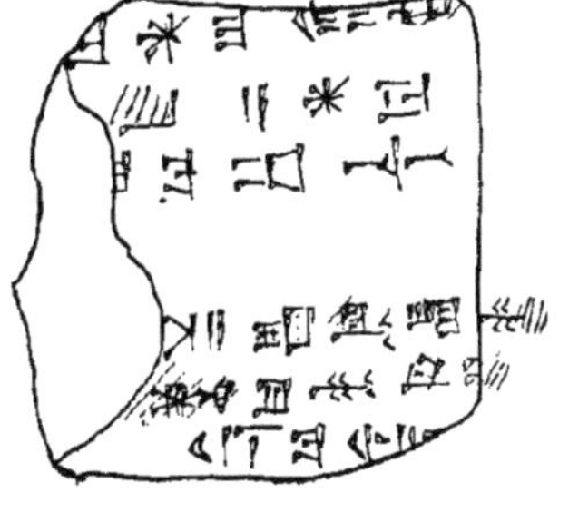

94 (p. 30)

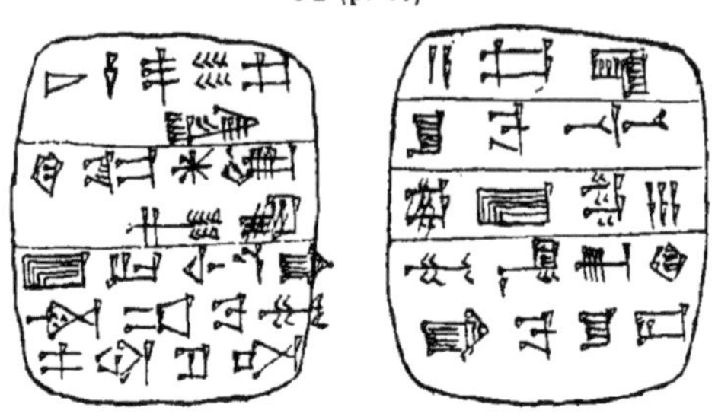

95 (p. 41)

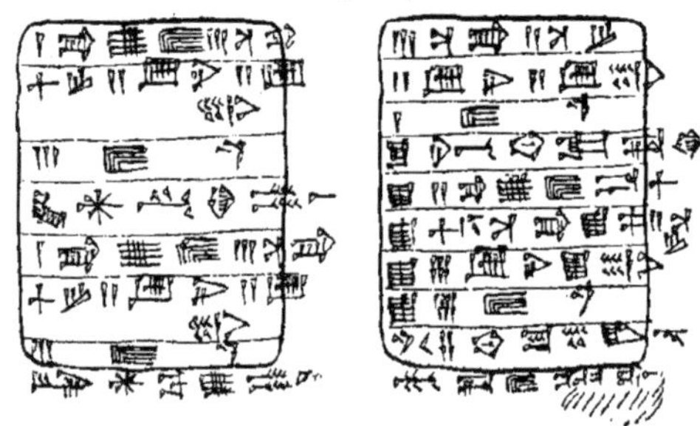

96 (p. 42)

97 (p. 43)

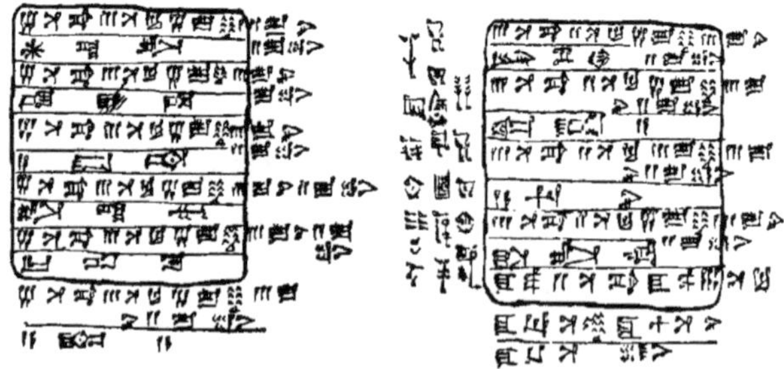

98 (p. 45)

99 (p. 46)

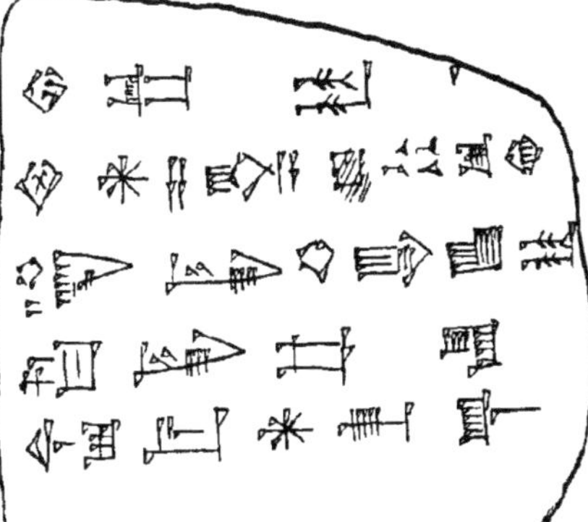

Caisse 6
Contribution à l'Histoire
Économique d'UMMA.

Page fantôme avant la page
- Signes d'un emploi fréquent.
Plan 100 (f.78).

SIGNES D'UN EMPLOI FRÉQUENT

#	Lecture		#	Lecture
1	aš		20	tùm
2	ag		21	maš
3	ur		22	máš
4	mah		23	mu
5	ušum bùr		24	hu, mušen
6	dim		25	rad
7	arad		26	ri, voir n° 219
8	bal		27	nam
9	an, dingir		28	nun
10	mu, ia		29	Eridu
11	šeš		30	ùz
12	Unu		31	apin
13	til, ùg, bad		32	ma
14	kul, numun		33	má
15	na		34	gan
16	mun		35	en
17	bal		36	Nibru
18	ti		37	dingir En
19	bar		38	gul, iq

39	tab		57	maškim
40	taḫ		58	sib
41	gab, dū		59	gur
42	qu(d)		60	kal
43	am		61	par
44	lil		62	nir
45	ta		63	mar
46	ab		64	urudu
47	Unú		65	um
48	ub + gunu		66	esen
49	si		67	šer
50	Ninâ		68	bâd
51	šam		69	tùm, ib
52	qu, qum		70	du, gin, gub, rá voir nos 126
53	uru, rá		71	ùš
54	giš		72	bi, kaš
55	Umma		73	dug
56	pa			

74	ḫe, gún		91	ra	
75	edin		92	zag	
76	rim, gír, ḫaš		93	ga	
77	ad		94	il	
78	geštin		95	gí	
79	gú		96	gí+gí = gug	
80	la		97	ša	
81	si(g)		98	kislaḫ ?	
82	si		99	ne, bi(l), dé	
83	dirig		100	bíl	
84	ga, ma		101	iš saḫar	
85	dagal		102	áš	
86	síl		103	gal	
87	úr		104	lugal	
88	al		105	de, simug	
89	dul		106	ŭnigi(n)	
90	i		107	me	

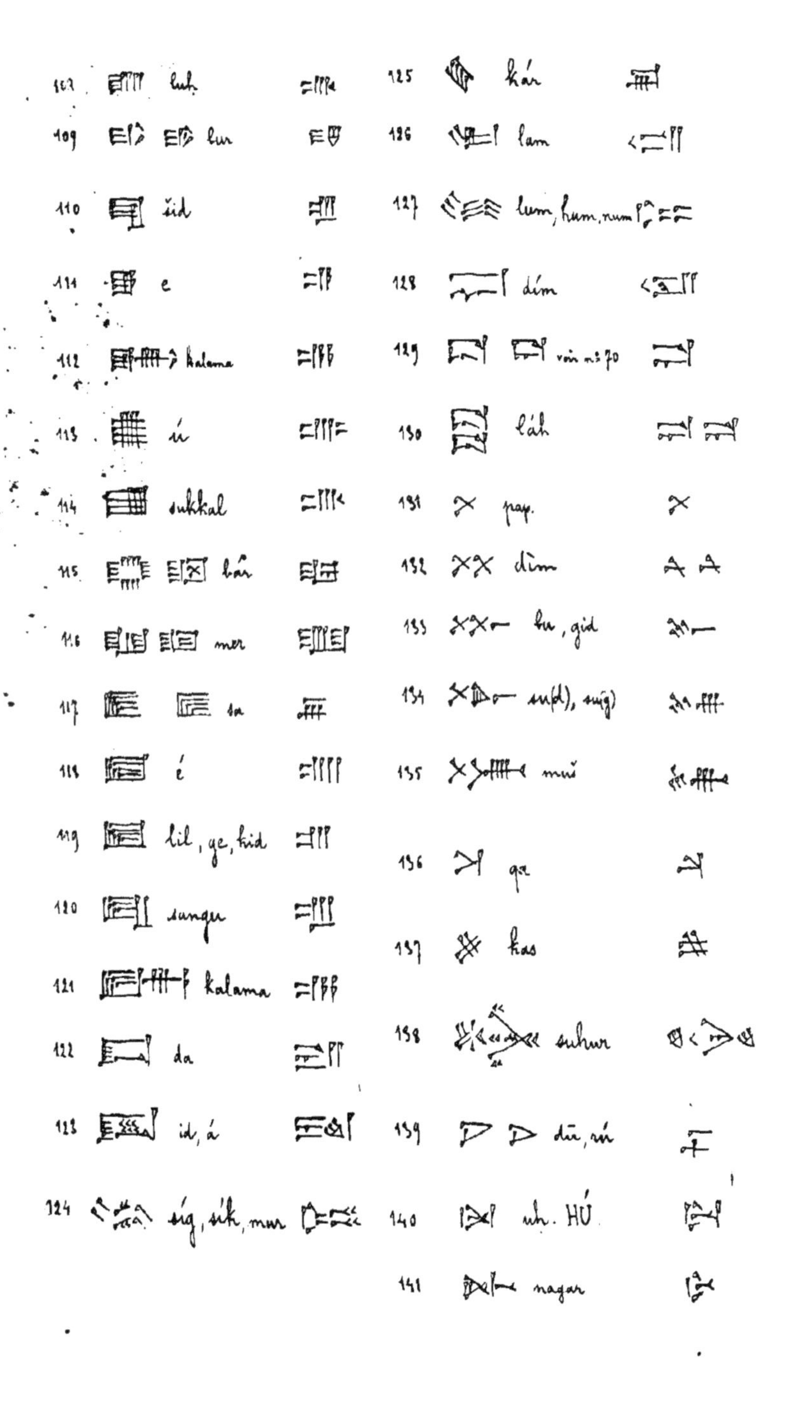
108 luh
109 lun
110 šid
111 e
112 kalama
113 ú
114 sukkal
115 bár
116 mer
117 ša
118 é
119 lil, ge, kid
120 sanga
121 kalama
122 da
123 id, á
124 síg, sík, mur
125 kár
126 lam
127 lum, hum, num
128 dím
129 voir n° 70
130 láh
131 pap.
132 dim
133 bu, gid
134 sud), suý)
135 muš
136 ge
137 kas
138 suhur
139 dù, rù
140 uh. HÚ
141 nagar

№		Value	
142		Umma	
143		sal	
144		el	
145		gím	
146		nin	
147		sal.me	
148		dam	
149		mi, iá, iá, ú,	
150		gu	
151		dug	
152		ir	
153		dumu, tur, banda	
154		še	
155		sum, uš, sig)	
156		uz	
157		tu	
158		tu	
159		in	
160		elteg (uhula)	
161		sar	
162		kud, tar	
163		ru	
164		dun, šaḫ, šul	
165		ub, ár	
166		ḫi, du(g)	
167		kam	
168		uḫ	
169		ḫar	
170		ará	
171		oḫ im, Likur	
172		te	
173		šutug	

№		№	
174	kàr	189	su, mug
175	lul, nar	190	dul
176	gìr...	191	saq
177	anšu, gìr	192	ka, dú(g)
178	uk	193	ka + kàr
179	az	194	kú
180	ud, bir	195	nag
181	i	196	mi, gi(g)
182	uh	197	gig
183	itu	198	áb
184	kíd	199	nim
185	šinig	200	eš
186	ba	201	igi, lim
187	zu	202	ar
188	zu-ab	203	ùg

204	u	219	ri, voir no 26
205	húl	220	gi, gi(n)
206	pad	221	gi, gi(g)
207	amar, bur	°222	bar
208	pi	223	maš
209	kur	224	lú
210	di, sá, silim	225	lal, lá
211	ki	226	usar
212	ša(g)	227	tug
213	azag, kù	228	ùr
214	kù-babbar	229	kin
215	guškin	230	ur
216	ha	231	tu, uku
217	me	232	ib
218	Innana	233	gin
		234	kisal

No.	Sign	Reading	Form
235		gūr	
236		ša(q)	
237		gar, niŋ	
238		nigin	
239		a·ša(q)	
240		íd	
241		za	
242		ku, dúr	
243		ginar	
244		pú	
245		ku, tuŋ	
246		šu, zid, eš	
247		gìn, sur	
248		lu, udu	
249		dib	
250		ganam	

TABLE DES MATIÈRES

ERRATA

Page 40, note; au lieu de · Cf. p. 42, note 2, lire : cf. p. 29, note.

CHALON-SUR-SAÔNE, IMP. FRANÇAISE ET ORIENTALE E. BERTRAND. 837